Nouvelle édition

101 Grammatikübungen

Du findest alle **Lösungen** online unter
cornelsen.de/codes **Code: APLUS-1775**

Vokabeltrainer-App
Verfügbar für: iOS, Android und Windows Phone

Cornelsen

À plus! 4 Nouvelle édition
101 Grammatikübungen

Erarbeitet von der Redaktion Französisch:
Sophie Ortiz-Vobis, Sandra Brandstetter, Manon Jeanningros

Illustrationen: Laurent Lalo
Umschlaggestaltung: Werkstatt für Gebrauchsgrafik
Layout und technische Umsetzung: graphitecture book & edition

> Wenn du dir bei einem Kapitel unsicher bist, schlage in deinem Grammatikheft nach.

> Du findest alle **Lösungen** online unter
> www.cornelsen.de/codes
> Gib dort APLUS-1775 ein.

www.cornelsen.de

1. Auflage, 4. Druck 2020

Alle Drucke dieser Auflage sind inhaltlich unverändert
und können im Unterricht nebeneinander verwendet werden.

© 2018 Cornelsen Verlag GmbH, Berlin

Das Werk und seine Teile sind urheberrechtlich geschützt.
Jede Nutzung in anderen als den gesetzlich zugelassenen Fällen bedarf der vorherigen schriftlichen Einwilligung des Verlages.
Hinweis zu §§ 60 a, 60 b UrhG: Weder das Werk noch seine Teile dürfen ohne eine solche Einwilligung an Schulen oder in Unterrichts- und Lehrmedien (§ 60 b Abs. 3 UrhG) vervielfältigt, insbesondere kopiert oder eingescannt, verbreitet oder in ein Netzwerk eingestellt oder sonst öffentlich zugänglich gemacht oder wiedergegeben werden.
Dies gilt auch für Intranets von Schulen.

Druck: Athesiadruck GmbH

ISBN 978-3-06-122177-5

TU ES EN FORME POUR L'UNITÉ 1?

Le futur simple | Das *futur simple* 5
La condition réelle | Der reale Bedingungssatz 7
L'imparfait | Das *imparfait* 10
Quelques expressions qui entraînent le conditionnel |
Redewendungen mit dem *conditionnel présent* 14

UNITÉ 1

VOLET 1
Le conditionnel présent | Das *conditionnel présent* 17
La négation avec *personne ne ...* et *rien ... ne* |
Die Verneinung mit *personne ne ...* und *rien ... ne* 23
Le verbe irrégulier *(se) battre* | Das unregelmäßige Verb *(se) battre* 29

VOLET 2
La condition irréelle | Der irreale Bedingungssatz 31

VOLET 3
Le conditionnel présent (emploi) | Das *conditionnel présent* (Gebrauch) 35

TU ES EN FORME POUR L'UNITÉ 2?

Les phrases relatives | Die Relativsätze 38
Le comparatif | Der Komparativ 45
Le subjonctif | Der Subjonctif 52

UNITÉ 2

VOLET 1
Les formes qui remplacent le passif allemand |
Die Ersatzformen für das deutsche Passiv 58

VOLET 2
Le subjonctif (autres déclencheurs) | Der *subjonctif* (weitere Auslöser) 61
Les adverbes en *-emment, -amment, -ément* |
Die Adverbien auf *-emment, -amment, -ément* 70
Les verbes *dire de / demander de* + infinitif |
Die Verben *dire de / demander de* + Infinitiv 74

VOLET 3
Les verbes irréguliers *rejoindre* et *(se) plaindre* |
Die unregelmäßigen Verben *rejoindre* und *(se) plaindre* 78

TU ES EN FORME POUR L'UNITÉ 3?

Prépositions et articles devant les noms de pays |
Präpositionen und Artikel vor Ländernamen 83
Le discours indirect au présent | Die indirekte Rede im Präsens 85
Le conditionnel présent | Das *conditionnel présent* 89
Le présent, l'imparfait et le passé composé |
Présent, imparfait und *passé composé* 91

UNITÉ 3

VOLET 1
Les fractions | Die Bruchzahlen 95

VOLET 2
Le plus-que-parfait | Das Plusquamperfekt 98

VOLET 3
Le discours indirect au passé | Die indirekte Rede in der Vergangenheit 105
Le pronom relatif *dont* | Das Relativpronomen *dont* 110
Le verbe *accueillir* | Das Verb *accueillir* 114
Le verbe *jeter* | Das Verb *jeter* 116

MODULE A
Le conditionnel passé | Das *conditionnel passé* 118

MODULE B
Le passé simple (réceptif) | Das *passé simple* (rezeptiv) 125

MODULE C
La négation avec *ne ... ni ... ni ...* | Die Verneinung mit *ne ... ni ... ni ...* 130
Le verbe irrégulier *convaincre* | Das unregelmäßige Verb *convaincre* 135

MODULE E
La phrase infinitive avec *après avoir / après être* + participe passé |
Der Infinitivsatz mit *après avoir / après être* + Partizip Perfekt 137
Le verbe irrégulier *fuir* | Das unregelmäßige Verb *fuir* 142

MODULE F
L'accord du participe passé après *avoir* |
Die Angleichung des Partizips Perfekt nach *avoir* 145

Tu es en forme pour l'unité 1?

Hier wiederholst du den Stoff, den du schon kennst. Wenn du Schwierigkeiten hast, schlage in deinem Grammatikheft *À plus!* **4** oder in der *Französischen Grammatik* (ISBN 978-3-464-22014-6) nach.

Le futur simple | Das *futur simple* 10.3

1 Malika rêve de son avenir. Complète avec les verbes au *futur simple*.

avoir – passer – travailler – être (2 x) – payer – faire – acheter

1. En l'an 2045, la vie _____ plus facile.
2. Nous _____ seulement six mois par an.
3. Est-ce que vous _____ beaucoup de temps en avion?
4. Les ordinateurs _____ le travail difficile.
5. Je ne _____ plus avec des pièces ce que j'_____.
6. Nous _____ plus de temps libre et tout le monde _____ plus heureux.

2 Il faut savoir attendre! Complète les phrases. Utilise le *futur simple*.

1. Je ne peux pas te **répondre** maintenant, mais je te _____ demain.
2. Nous ne pouvons pas **venir** tout de suite, mais nous _____ cet après-midi.

3. Aujourd'hui, il ne **fait** pas très beau, mais demain il _____ beau.

4. Tu n'as pas **reçu** de réponse à ton mail? Tu la _____ sûrement demain.

5. Vous n'avez pas **fini** votre exercice? Vous le _____ plus tard.

3 Qu'est-ce que Marina, Kathi et Mehdi feront plus tard? Pose cinq questions sur leur avenir. Utilise des expressions de temps et le *futur simple*.

vivre – choisir qc – travailler – habiter – faire qc – partir – apprendre – aider	Où? – Quand? – Comment? – Qu'est-ce que? – Avec qui/quoi? – Pour qui/quoi? – Qui est-ce qui/que?

_____

_____

_____

_____

_____

Grammaire mixte

4 Le pâtissier David Capy a réussi. Complète son parcours avec les formes des verbes au *présent*, au *future simple*, à l'*impératif*, au *passé composé* ou à l'*imparfait*.

David Capy _____ (*haben*) une vie très intéressante. Quand il _____ (*sein*) jeune, son prof lui _____ (*sagen*): «_____ (*hören*) mon conseil et _____ (*machen*) une formation!». Alors, après l'école, David _____ (*nehmen*) des cours, en France mais aussi à l'étranger. Il _____ même _____ (*leben*) en Scandinavie. Aujourd'hui, il _____ (*wohnen*) à Bordeaux et _____ (*leben*) son rêve d'enfant: inventer des recettes de gâteaux. Et demain? Est-ce que ses enfants _____ (folgen) son exemple plus tard? Est-ce qu'ils

_____ (machen) aussi de bons gâteaux?

La condition réelle | Der reale Bedingungssatz 20.1

1 Relie pour faire les phrases qui expriment une condition réelle.

Si on continue à vivre comme aujourd'hui, **1** **A** vous ne verrez pas le feu d'artifice.

Si tu fais des efforts en maths, **2** **B** il devra se lever plus tôt.

S'il fait beau demain, **3** **C** elle tombera tout de suite amoureuse de lui.

Si elle rencontre mon frère, **4** **D** nous ferons une balade en montagne.

Si vous restez à la maison, **5** **E** tu pourras devenir ingénieur.

S'il veut arriver à l'heure, **6** **F** le climat changera rapidement.

2 Si tu suis ces conseils, tout ira bien! Complète les phrases. Utilise la *condition réelle*. Attention: plusieurs solutions sont possibles.

> offrir son aide – faire un effort – suivre ses conseils – être fatigué/e – prendre ses distances – travailler sérieusement – être motivé/e

1. Si tu *travailles sérieusement*, tu auras du succès dans la vie.
2. Tu réussiras à l'école si tu *fais un effort*.
3. Si tu *es motivé*, tu auras de bonnes notes.
4. Tu trouveras facilement du travail si tu _____.
5. Si tu _____, tu vivras mieux.
6. Si tu _____, tu ne pourras pas aller en ville ce soir.
7. Tu ne t'ennuieras jamais si tu _____.

3 Malika veut devenir prof de sport. Son frère lui donne des conseils. Écris les phrases. Utilise la *condition réelle*.

1. s'entraîner tous les jours • avoir de bons résultats

   Si tu t'entraînes tous les jours tu auras

2. trouver une amie sportive comme toi • pouvoir s'entraîner ensemble

3. organiser bien ta journée • aller loin

4. vouloir • venir avec toi le jour du concours

5. réussir le concours • être fiers de toi

Grammaire mixte

4 Il y a toujours une solution! Lis le problème de ces jeunes et donne-leur des conseils. Utilise *tu devrais*, l'*impératif* et la *condition réelle*.

1 *Je dois préparer une interro mais c'est dur de travailler. Qui peut m'aider?*
Matéo

2 *Je suis nouvelle dans mon collège et je n'ai pas d'amis. Comment rencontrer des jeunes?*
Delphine

3 *Je ne me sens pas bien parce que j'ai des kilos en trop. Qu'est-ce que je peux faire?*
Didier

4 *Je ne sais pas quoi faire après l'école. Comment choisir un travail?*
Jenny

5 *Je ne vais pas bien parce que je me suis encore disputée avec ma mère. Qui me comprend?*
Lisa

1. comprendre • faire des pauses • aller faire des balades • sortir • avoir les idées drôles

   <u>Cher Matéo, je te comprends. Tu devrais faire souvent des pauses. Va faire des balades. Si tu sors de chez toi, tu auras les idées plus drôles.</u>

2. connaître la situation • sortir • aller rencontrer des jeunes • participer à des activités • se faire vite des amis

3. comprendre • faire du sport • manger aussi des fruits et légumes • bouger beaucoup • se sentir mieux

4. ne pas être grave • ne pas se stresser • parler à ses amis • prendre son temps • trouver des idées

5. comprendre • ne pas s'énerver • réfléchir au problème • lui parler calmement • trouver une solution

L'imparfait | Das *imparfait* 10.2

1 Complète le tableau avec les formes demandées.

infinitif → Infinitiv	présent	imparfait
aller (→ gehen)	nous allons	j'allais
_____ (→ _____)	je _____	je mettais
_____ (→ _____)	nous sommes	nous _____
_____ (→ verstehen)	je _____	je _____
_____ (→ _____)	nous suivons	nous _____
_____ (→ _____)	je _____	je disais
_____ (→ _____)	nous avons	nous _____
prendre (→ _____)	vous _____	vous _____
_____ (→ warten)	nous _____	nous _____
_____ (→ _____)	je _____	je jouais
_____ (→ _____)	nous sortons	nous _____
_____ (→ _____)	je _____	je pouvais

2 Complète les phrases avec la forme des verbes à l'*imparfait*.

Autrefois, ...

1. ... je _____ une bédé par jour. (*lesen*)
2. ... nous _____ du fromage tous les soirs. (*essen*)
3. ... vous _____ la télé chez Yvonne. (*(fern)-sehen*)
4. ... Verena _____ beaucoup. (*Spaß haben*)
5. ... tu _____ le poisson. (*mögen*)
6. ... nous _____ beaucoup de vêtements chics. (*tragen*)
7. ... ils _____ ensemble. (*kochen*)
8. ... nous _____ moins de choses. (*kaufen*)
9. ... tu _____ souvent à la piscine avec Barbara. (*gehen*)

3 Voilà Paris en 1900. Complète. Utilise l'*imparfait*.

1. En 1900, on _____ (*visiter*) l'Exposition Universelle[1] à Paris. La tour Eiffel _____ (*avoir*) onze ans. Les gens _____ (*adorer*) ou _____ (*détester*) cette tour. C'_____ (*être*) la plus haute tour du monde.

2. En 1900, les touristes _____ (*découvrir*) les premières voitures sur les Champs-Élysées. Le dimanche, on _____ (*faire*) des balades dans le Bois de Boulogne[2].

3. En 1900, les frères Lumière _____ (*montrer*) leurs premiers films. La chanteuse Mistinguett _____ (*chanter*) «Ça, c'est Paris».

1 **l'Exposition** *f.* **Universelle** Weltausstellung   2 **le Bois de Boulogne** Wald/Park im Westen von Paris

Grammaire mixte

4 Sur son blog, Pauline raconte ses vacances avec Marie. *Passé composé* ou *imparfait*? Complète par les formes des verbes entre parenthèses.

le-blog-de-pauline.fr

Mes vacances à la mer

Jeudi dernier, Marie et moi, nous **sommes arrivées** (*arriver*) à la Baule.

D'abord, nous _____ (*aller*) à la plage. On _____ (*faire*) du surf et puis, on _____ (*jouer*) au volley. C'_____ (*être*) cool. Mais il y _____ (*avoir*) trop de vent. Vendredi, on _____ (*prendre*) le bateau. Malheureusement sans Jérôme parce qu'il _____ (*être*) malade. Samedi, Charlotte et Karim _____ (*rester*) au camping avec lui et moi, j'_____ (*retrouver*) Loïc à Nantes et on _____ (*visiter*) la ville ensemble.

5 Félix raconte un vol au collège. Complète par les formes des verbes. Utilise le *passé composé* et l'*imparfait*.

Il était 10 heures du matin et c'_____ (*sein*) la récréation. Comme tous les matins, je _____ (*trinken*) un jus d'orange à la cafétéria. Dans la cour, un groupe d'élèves _____ (*spielen*) au basket. Tout à coup, deux jeunes

_____ (*ankommen*). Ils _____ (*haben*) l'air plus vieux que nous. Ils _____ (*durchqueren*) la cour. Les deux jeunes _____ (*vorbeigehen*) près d'un groupe de filles, et un des garçons _____ (*tun*) mal à une jeune fille. C'_____ (*sein*) Léa, la petite sœur de Maxime. Les garçons _____ (*prendre*) son portable, puis, ils _____ (*weggehen*) très vite et Léa _____ (*schreien*). C'_____ (*sein*) l'horreur! Moi, j'_____ (*rufen*) la surveillante. Elle _____ (*bleiben*) avec Léa et je _____ (*gehen*) chez la principale.

6 **Regarde les dessins et raconte le dimanche de Pauline et ses copains. Utilise l'*imparfait* et/ou le *passé composé*.**

1. être dimanche • être à la plage • porter des pullovers • faire froid

2. tout à coup, voir un bateau • les gens crier au secours • puis, de l'aide arriver

3. l'homme avoir froid • les gens aider • tout le monde être content

Quelques expressions qui entraînent le conditionnel | Redewendungen mit dem *conditionnel présent* 📖 10.5

1 Retrouve les expressions et fais les phrases du dialogue.

1. sais • tu • Est-ce que • ce • devenir • tu • tard? • que • plus • raismeai

   _____
   _____

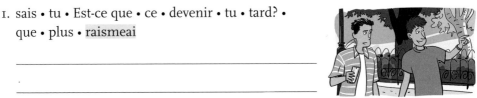

2. Oui, • médecin[1] • draisvou • être • je

   _____

3. Moi, • pas • ne • raispour • dans • travailler • je • un • hôpital.

   _____

4. raismeai • j' • Moi, • travailler • dans • nature. • la

   _____

5. de • vraisde • forêt. • Tu • faire un stage[2] • en • essayer

   _____

6. Bonne idée! • découvrir • raitse • super • arbres. • Ce • la • vie • des • de

   _____

[1] le médecin Arzt/Ärztin   [2] faire un stage ein Praktikum machen

2 Lis le message de Sarah et réponds-lui. Donne trois conseils. Utilise les expressions et le *conditionnel présent*.

SARAH

Je suis nouvelle dans ma ville et je ne connais personne. Je me sens seule. Que faire? Aidez-moi!

| tu pourrais – on devrait – tu devrais – il faudrait – ce serait mieux / plus sympa / utile de – on pourrait |

| faire un sport d'équipe – aller au cinéma ensemble – inviter des amis/élèves de la classe – participer à des activités au collège – se changer les idées – jouer d'un instrument de musique – faire un voyage |

Grammaire mixte

3 Complète les phrases par la forme des verbes qui convient.

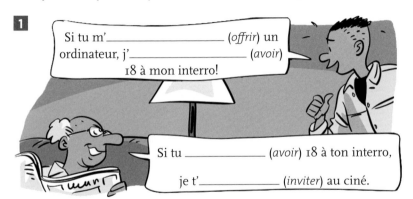

1. Si tu m'_____ (offrir) un ordinateur, j'_____ (avoir) 18 à mon interro !

Si tu _____ (avoir) 18 à ton interro, je t'_____ (inviter) au ciné.

2. Je _____ (pouvoir) appeler Léo.

Unité 1

VOLET 1

Le conditionnel présent | **Das** *conditionnel présent*

> Du sprichst über Möglichkeiten:
> À ta place, je ferais de l'escalade.
>
> ➡ Dazu brauchst du:
> **das** *conditionnel présent*

Complète.

je _____ (*parler*)

tu _____ (*finir*)

il/elle/on _____

(⚠ *aller*)

nous _____ (*prendre*)

vous _____ (*être*)

ils/elles _____ (*avoir*)

Je le prendrais bien dans mes bras.

Merke:

„Futurstamm" +
- -ais
- -ais
- -ait
- -ions
- -iez
- -aient

Du bildest das *conditionnel présent*, indem du an den _____ der meisten Verben, die auf *-er*, *-ir* und *-re* enden, die Endungen des *conditionnel* anhängst.

Diese Endungen kennst du von dem _____-Formen der Verben. ➡➡➡

Complète. Attention, ces verbes sont des verbes irréguliers.

acheter → j'_____   s'ennuyer → je _____

amener → j'_____   faire → je _____

appeler → j'_____   courir → je _____

préférer → je _____ venir → je _____

espérer → j'_____   tenir → je _____

exagérer → j'_____   savoir → je _____

répéter → je _____   voir → je _____

payer → je _____   vouloir → je _____

essayer → j'_____   pouvoir → je _____

devoir → je _____

recevoir → je _____

il faut → il _____

1 **Complète le tableau.**

Infinitif	Conditionnel présent	Konjunktiv I
vouloir	je voudrais	ich möchte
aimer	tu _____	du _____
_____	je _____	ich könnte
dire	on _____	man _____
réfléchir	nous _____	wir _____
_____	ils feraient	sie _____
partir	il _____	er _____
être	vous _____	ihr _____
_____	elle _____	sie würde nehmen

2 Complète par les formes des verbes au *conditionnel présent*.

1. Tu _____ (*devoir*) lui demander son avis.
2. Pourquoi est-ce que nous n'_____ (*inviter*) pas Charlotte et Chloé?
3. Est-ce que vous _____ (*pouvoir*) répéter, s'il vous plaît?
4. Sans leur ordinateur, ils _____ (*être*) drôlement malheureux.
5. À ta place, je ne _____ (*mettre*) pas cette veste.
6. Sans télé, elle _____ (*lire*) plus.
7. Est-ce que vous ne _____ (*connaître*) pas un bon restaurant dans le quartier?
8. Avec plus de courage, je lui _____ (*dire*) la vérité.

3 Alex demande à ses copains ce qu'ils feraient à sa place. Complète les phrases. Utilise *le conditionnel présent*.

1. À ta place, je ne l'_____ plus. (*attendre*)
2. Je _____ tout pour l'oublier. (*faire*)
3. Moi, je _____ les autres filles. (*regarder*)
4. Je _____. (*voyager*)
5. Je ne _____ plus mon temps. (*perdre*)
6. Je ne _____ pas triste. (*être*)
7. Moi, je n'_____ plus chez elle. (*aller*)

4

De quoi parlent-ils? Mets les verbes au *conditionnel présent*. Puis trouve le mot qui correspond à la situation.

> **a** un film – **b** une invitation – **c** un voyage – **d** un numéro de portable – **e** un conseil

1. Nous _____ (*vouloir*) te demander ton avis. ☐
2. Ça te _____ (*plaire*) de participer à cette action? ☐
3. Vous _____ (*pouvoir*) répéter, s'il vous plaît? ☐
4. Tu _____ (*devoir*) absolument le voir. ☐
5. Jules et Jim _____ (*avoir*) envie de partir mais ils n'osent pas. ☐

5

Donne des conseils à Djamel. Utilise *à ta place* et *le conditionnel*.

1. J'ai peu de copains.
2. Je voudrais être plus sportif.
3. Je n'ai pas envie de travailler à l'école.
4. Je voudrais être utile.
5. Je ne sais pas ce que je voudrais faire plus tard.
6. Je ne parle pas très bien allemand.
7. J'ai peur de ne pas réussir.
8. Je me sens mal compris.

> s'engager dans son quartier – faire les devoirs avec d'autres élèves – partir en ____ pour apprendre ____ – parler à ses parents/professeurs – aller dans un club de sport – rencontrer des jeunes – chercher des amis sur Internet – aider ses voisins

Grammaire mixte

6 a Note les verbes à l'infinitif dans le tableau.

> pourrait – court – agissions – sommes venus – avons choisi – ai découvert –
> sens – voudrait – réfléchis – avons applaudi

-ir comme *finir*	-ir comme *sortir*	verbes irréguliers

b Complète avec les verbes de a au *présent*, au *passé composé*, au *conditionnel présent* et à l'*impératif*.

Le mois dernier, j'_____ de participer à la course des héros. C'est un projet où il s'_____ de gagner de l'argent pour une association[1] de notre quartier.

Il y avait un poster au collège: «Vous _____ aider les autres? Vous vous _____ prêts à agir? Alors ne _____ plus et _____!»

Alors, je me suis inscrit[2].

Courir, c'est ma passion. Je m'entraîne tous les jours. Normalement, on _____ toujours ensemble, mon copain Victor et moi.

Cette fois, il n'_____ pas _____ avec moi mais il _____ notre équipe.

Avec ce projet, nous _____ le courage. Maintenant, je _____ continuer à m'engager. Comme ça, je _____ peut-être changer les choses.

1 **l'association** *f.* Verein   2 **s'inscrire** sich anmelden

La négation avec *personne ne ...* et *rien ne ...* | Die Verneinung mit *personne ne ...* und *rien ne ...*

Du sprichst über Möglichkeiten:

Personne ne m'a appelé.
Rien ne lui fait peur.

Dazu brauchst du:

die Verneinung mit
personne ne ... **und** *rien ne ...*

Merke:
Je **n'**oublie **rien**. Ich vergesse nichts.
Je **n'**oublie **personne**. Ich vergesse niemanden.
Rien ne va plus. Nichts geht mehr.
Personne ne pense à moi. Niemand denkt an mich.

Retrouve les phrases.

1. lui • parle. • ne • Personne

   _____

2. arrêter. • va • Rien • les • ne

   _____

3. n' • Rien • est • difficile. • plus

   _____

4. a • nous • Personne • attendu(e)s. • ne

   _____

1 Réponds aux questions. Utilise la négation *personne ne ...* ou *rien ne ...*

1. – **Ma mère** a appelé aujourd'hui?
   – Non, _____

2. – Est-ce que **les corres** ont parlé allemand avec toi?
   – Non, _____

3. – Est-ce que **ce chien** lui fait peur?
   – Non, _____

4. – Est-ce que **c'**est gratuit?
   – Non, _____

5. – **Tout** va bien pour toi?
   – Non, _____

6. – **Quelqu'un** t'a aidé?
   – Non, _____

2 Dorian raconte sa semaine sans portable. Fais les phrases.

1. pas • D'abord, • ne • participer. • voulais • je
   _____
   _____

2. Mais • rien • je • peur de • ai • n' • dans la vie.
   _____

3. voulais • ne • Et puis, • je • être accro. • plus
   _____

4. en ligne! • je • n' • jamais • étais • Pendant une semaine, • donc
   _____
   _____

5. mes amis. • ne • avec • pouvais • D'un côté, • chatter • je • plus
   _____
   _____

6. personne • et • De l'autre, • rien • ne • ne • m'appelait • me dérangeait.
_____

7. si • été • que • pas • ça. • Finalement, • terrible • n'a • ça.
_____

3 **Complète les phrases. Utilise** *ne ... pas/jamais/plus/personne/rien* **et** *rien/personne ne ....*

_____

le dérange.

Nous _____ avons

_____ faim.

Tu _____ connais

_____ notre projet?

Je _____ ai

_____ vu le désert.

_____ marche et

_____ m'aide!

Ils _____ s'intéressent

à _____ .

_____ lui parle.   Je _____ comprends _____!

4 **Fais les phrases. Utilise la négation** *personne ne …* **ou** *rien ne …*.

1. Nichts kann mein Tagebuch ersetzen. (*remplacer qc*)

   _____

2. Niemand kann heute ohne Internet leben. (*vivre sans qc*)

   _____

   _____

3. Niemand will verstehen, dass ich ohne Handy glücklich bin. (*comprendre qc • être heureux/-euse*)

   _____

   _____

4. Nichts ähnelt einem Treffen zwischen echten Freunden. (*ressembler à qc/qn • une rencontre • vrai/e*)

   _____

   _____

   _____

5. Nichts hat mir heute gefallen. (*plaire à qn → passé composé: a plu*)

   _____

   _____

6. Niemand sagt, dass der Film nicht lustig sein wird. (*ne pas être drôle*)

   _____

   _____

Grammaire mixte

5 Traduis et utilise la négation qui convient.

ne … pas	nicht	ne … jamais	nie/niemals
ne … pas de	kein/keine/keinen	personne ne …	niemand
ne … pas encore	noch nicht	ne … personne	niemanden/-dem
ne … pas non plus	auch nicht mehr	ne … plus	nicht mehr
ne … même pas	nicht einmal	ne … plus rien	nichts mehr
ne … toujours pas	immer noch nicht	ne … rien	nichts
		rien ne …	nichts

1. Nichts kann ihn trösten. (*consoler qn*)

2. Ich habe kein Buch mitgenommen. (*emporter/prendre qc*)

3. – Dieser Saft ist nicht gut. Ich werde ihn nicht mehr kaufen. (*acheter qc*)
   – Ich auch nicht mehr.

4. Sie ist schüchtern und sagt nie ihre Meinung. (*être timide • donner son avis*)

5. Mir hat der Film nicht einmal gefallen. (*plaire à qn*)

6. Du sagst nichts mehr, wenn du wütend bist. (*dire qc • être furieux/-euse*)

7. Er hat dieses Mädchen immer noch nicht vergessen. (*oublier qn/qc*)

8. Niemand hat mir von deiner Reise erzählt. (*parler de qc à qn*)

9. Auf der Party hat sie niemanden kennengelernt. (*faire la connaissance de / rencontrer qn*)

10. – Ich kenne diesen Mann nicht. (*connaître qn*)
    – Ich auch nicht.

11. Sonia hat noch nicht zurückgerufen. (*rappeler*)

Le verbe irrégulier *(se) battre* | Das unregelmäßige Verb *(se) battre*

Weitere unregelmäßige Verben

Hier, Lars et Tim se sont battus. → **das Verb** *(se) battre*

Complète.

	battre (schlagen)	**se battre** (kämpfen)
présent	je _____	je me _____
	tu _____	tu te _____
	il/elle/on _____	il/elle/on se _____
	nous _____	nous nous _____
	vous _____	vous vous _____
	ils/elles _____	ils/elles se _____
passé composé	j'_____	je me _____
imparfait	je _____	je me _____
futur simple	je battrai	je me _____
conditionnel	je _____	je me _____
subjonctif	que je _____	que je me _____
impératif	_____	_____
	Battons.	Battons-nous.
	_____	_____

1 **Complète avec les formes de** *(se) battre* **qui conviennent.**

1. Dans un monde idéal, personne ne _**battrait**_ les animaux! (*conditionnel présent*)

2. Au club, les copains _**se battent**_ juste pour rigoler mais mon équipe et moi, on _**se bat**_ pour gagner! (*présent*)

3. À la maison, mes sœurs et moi, nous _**nous battions**_ pour la meilleure place devant la télé. (*imparfait*)

4. L'année dernière, je _**me suis battu**_ pour les actions du collège. (*passé composé*)

5. Et vous? Vous _**battrez**_ pour quoi demain? (*futur*)

6. Ne _**bats**_ pas ton frère! (*impératif*)

7. Pour gagner, il faut que les Bleus _**battent**_ l'équipe des Jaunes. (*subjonctif*)

8. Mais ça ne va pas être aussi facile de les _**battre**_. (*infinitif*)

9. Est-ce que vous _**avez**_ déjà _**battu**_ les champion du collège? (*passé composé*)

VOLET 2

La condition irréelle | Der irreale Bedingungssatz

Du drückst eine Bedingung aus:

S'il était là, je lui parlerais.

→ Dazu brauchst du:

den irrealen Bedingungssatz

Souligne la forme du verbe qui convient.

1. S'il pensait à moi, il m'écrira / écrirait.
2. Si nous partions en Provence, nous aura / aurions du soleil.
3. Si tu te couchais plus tôt, tu ne seras / serais pas fatigué.

Si j'étais plus cool, je pourrais aussi danser.

Merke:

Nebensatz mit *si*: _____

Hauptsatz: _____

1 **Complète les phrases.**

1. Qu'est-ce que vous _____ si vous _____ cette partie? (*décider • gagner*)
2. Si nous _____ un grand voyage, où est-ce que nous _____? (*faire • aller*)
3. Ils _____ plus de temps avec leurs enfants s'ils _____ le temps. (*passer • avoir*)
4. Si elle _____ le faire, elle _____ une jolie montre à son copain. (*pouvoir • offrir*)
5. Je _____ vous voir à Noël si c'_____ possible. (*venir • être*)

2 Que pensent-ils? Fais des phrases. Utilise la condition irréelle.

faire beau • je – jouer au foot

elle – ne pas danser • je – inviter

il – ne pas travailler •
il – être à la plage

il – ne pas devoir faire la vaisselle •
il – aller au cinéma

je – ne pas être malade •
je – sortir avec les amies

il – penser à qn • je – être
heureux/-euse

1. <u>S'il faisait beau,</u>

2. _____

3. _____

4. _____

5. _____

6. _____

Grammaire mixte

3 Qu'est-ce qui va ensemble? Relie.

Si j'avais un portable, **1**   **a** j'appellerais mes parents.

Si j'ai un portable à Noël, **2**   **b** je pourrai recevoir des textos.

Si mon frère ne fait pas d'efforts, **3**   **c** il aurait de mauvaises notes.

Si mon frère ne faisait pas d'efforts, **4**   **d** il ne pourra pas sortir samedi.

Si j'avais le temps, **5**   **e** je t'enverrai un message.

Si j'ai le temps demain, **6**   **f** je t'écrirais plus souvent.

Si tu partais à l'heure, **7**   **g** tu n'arriveras pas en retard.

Si tu pars à l'heure, **8**   **h** tu n'arriverais pas en retard.

S'il faisait beau, **9**   **i** nous ferions un tour en ville.

S'il fait beau, **10**   **j** nous ferons un tour en ville.

4 Fais des phrases avec *si*. Utilise la *condition réelle* ou la *condition irréelle*.

> intéresser – aller en France – avoir beaucoup d'argent – pleuvoir –
> ne pas venir en classe – se lever plus tôt – rater le bus –
> regarder des films en français – n'en savoir rien –
> ne pas permettre à qn de sortir

1. Cécile ne choisirait pas ce roman s'il ne _____

2. J'achèterais un château si j'_____

3. Max et Yves rentreront à pied s'ils _____

4. Vous comprendriez mieux le français si vous _____

5. Il comprendra mieux le français s'il _____

6. Nous irons à la piscine s'il _____

7. On passera chez Daniel après les cours s'il _____

8. On n'arriverait pas en retard si on _____

9. Je ne dirais rien si je _____

10. Si j'avais 12 ans, mes parents _____

VOLET 3

Le conditionnel présent (emploi) | Der *conditionnel présent* (Gebrauch)

Du willst
– einen Wunsch,
– einen Rat,
– eine Bitte,
– einen Vorschlag,
– eine Vermutung ausdrücken:

Il voudrait inviter Sarah.

Dazu brauchst du:

➡ **das** *conditionnel*

Lis les phrases. Pourquoi est-ce qu'on y emploie le *conditionnel*? Coche.

1. À ta place, j'irais au lit plus tôt.
   - ☒ conseil/Rat   ☐ souhait/Wunsch

2. Je voudrais faire du théâtre.
   - ☐ souhait/Wunsch   ☐ hypothèse/Vermutung

3. Mon prof de guitare ne serait pas d'accord.
   - ☐ faveur/Bitte   ☐ hypothèse/Vermutung

4. Pourrais-tu me rappeler à six heures?
   - ☐ conseil/Rat   ☐ faveur/Bitte

1 Lis les phrases et coche la fonction du *conditionnel*.

1. Samedi, on pourrait aller au cinéma avec les copains.
   - ☐ conseil   ☒ souhait   ☐ hypothèse   ☐ faveur

2. Tu pourrais passer à la maison, ce soir?
   - ☐ conseil   ☐ souhait   ☐ hypothèse   ☐ faveur

3. Elle aimerait bien lui faire un cadeau mais elle ne sait pas ce qui lui plaît.

☐ *conseil* ☐ *souhait* ☐ *hypothèse* ☐ *faveur*

4. Qu'est-ce que vous feriez à ma place?

☐ *conseil* ☐ *souhait* ☐ *hypothèse* ☐ *faveur*

5. Laure voudrait sortir ce soir, mais ces parents sont contre.

☐ *conseil* ☐ *souhait* ☐ *hypothèse* ☐ *faveur*

6. Ses copines préfèreraient aller au concert.

☐ *conseil* ☐ *souhait* ☐ *hypothèse* ☐ *faveur*

7. En juillet, Sarah serait malheureuse sans ses amis.

☐ *conseil* ☐ *souhait* ☐ *hypothèse* ☐ *faveur*

8. À ta place, j'écrirais un message à mes parents.

☐ *conseil* ☐ *souhait* ☐ *hypothèse* ☐ *faveur*

2 **Fais les phrases. Utilise le** *conditionnel présent*. **Puis indique la fonction du** *conditionnel présent*.

1. An deiner Stelle würde ich mit dem Nachbarn sprechen. (*parler au voisin*)

_____

_____

Fonction: _____

2. Ich würde gern eine Woche in Paris verbringen. (*passer une semaine*)

_____

_____

Fonction: _____

3. Wir könnten eine schöne Reise machen. (*faire un beau voyage*)

_____

_____

_____

Fonction: _____

4. In den Ferien würden die Kinder immer draußen spielen. (*jouer dehors*)

_____

_____

Fonction: _____

5. Könnten Sie bitte Ihre Adresse wiederholen? (*pouvoir répéter votre adresse*)

_____

_____

Fonction: _____

6. Du solltest dich wärmer anziehen.

_____

_____

_____

Je ferais bien une pause!

Fonction: _____

7. Ich würde sie so gern wiedersehen!

_____

_____

Fonction: _____

8. Könntest du mir helfen, Mathe zu lernen?

_____

_____

Fonction: _____

Überprüfe deine Lösungen. Du findest alle Lösungen online unter www.cornelsen.de/webcodes. Gib dort APLUS-1775 ein.

Tu es en forme pour l'unité 2?

Hier wiederholst du den Stoff, den du schon kennst. Wenn du Schwierigkeiten hast, schlage in deinem Grammatikheft **À plus! 4** oder in der *Französischen Grammatik* (ISBN 978-3-464-22014-6) nach.

Les phrases relatives | Die Relativsätze 3.9

1 Finis les phrases. Utilise le pronom relatif *où*.

> discuter de leurs problèmes – il y a beaucoup de tours –
> avoir les meilleures notes – préparer un exposé – aller – prendre leurs repas

1. La Défense, c'est un quartier de Paris où il y a beaucoup de tours.

2. «Vie de classe», c'est un cours _____.

3. La cantine, c'est un endroit _____.

4. Georges Pompidou, c'est le collège _____.

5. Le français, c'est la matière _____.

6. Le CDI, c'est un endroit _____.

2 Parle de Fabienne. Utilise le pronom relatif *qui*.

> aimer la musique – faire du sport –
> habiter à Perpignan –
> sortir souvent avec ses amis –
> savoir beaucoup de choses

C'est une fille qui est en quatrième, qui _____

_____

_____

_____

_____

_____

3 **Complète. Utilise les pronoms relatifs *que* ou *où*.**

Nantes est une ville _____ vous ne connaissez pas encore mais _____ vous allez aimer. Vous devez visiter le château _____ les Ducs de Bretagne ont habité. Vous pouvez aussi aller dans un musée _____ vous allez apprendre beaucoup de choses sur Jules Verne. La tour Lu, _____ beaucoup de gens trouvent fantastique, est un endroit _____ on peut écouter des concerts. Faites une promenade sur les quais _____ les habitants aiment beaucoup aller. Pour les souvenirs _____ vous voulez acheter à vos parents, allez au Passage Pommeraye ou dans la rue Crébillon. Mais regardez bien les prix _____ font ces magasins. Votre porte-monnaie ne va pas toujours les aimer.

4 **Choisis le pronom relatif qui convient.**

Jules Verne, qui / que / où est né à Nantes, a écrit des livres qui / que / où beaucoup de jeunes aiment encore lire aujourd'hui. Ces romans racontent des histoires fantastiques qui / que / où se passent dans des endroits qui / que / où sont souvent dangereux, mais qui / que / où tout est possible. «L'île mystérieuse», qui / que / où a connu un grand succès, qui / que / où je viens de finir et qui / que / où tu devrais lire, est mon roman préféré.

5 C'est qui? Complète le texte avec les pronoms relatifs *que*, *qui* et *où*. Ensuite, note le bon numéro.

1. Voilà le café _____ les copains se retrouvent.
2. Luc est le garçon _____ dessine.
3. La fille _____ Luc dessine s'appelle Brigitte.
4. Xavier est le garçon _____ a des baskets orange.
5. Ariel va dans le coin _____ ses amis l'attendent.
6. Le portable _____ Xavier cherche est sous la table.

6 a Relie pour faire des phrases.

J'aime les villes **1**	**a** ce que tu cherchais?
Ordimax est un magasin **2**	**b** qui prennent les élèves au sérieux.
Le sport est l'activité **3**	**c** ce qui me plaît dans mon quartier.
J'aime les profs **4**	**d** qui aide contre le stress.
Paris est une ville **5**	**e** que je déteste le plus.
Est-ce que tu as trouvé **6**	**f** qui se trouvent au bord de la mer.
Le hip hop est la musique **7**	**g** où je ne pourrais pas vivre.
Les copains, c'est **8**	**h** où on joue en équipe.
Le volley est un sport **9**	**i** où on peut acheter les ordinateurs les plus modernes.

b Retrouve les phrases.

1. quartier • C' • un • j'• que • bien. • aime • est

2. exactement • C' • est • voulais • dire. • que • je • ce

3. Le • mercredi • est • l'• retrouve • parc • on • se • endroit • le • où • après-midi.

4. pour • amitié • est • un • m'engager. • projet • L' • je • lequel • veux

5. le • connais • fera • prochain? • activité • qu'• on • Tu • week-end • l'

6. choisissez • toujours • Pourquoi • vous • films • des • est-ce que • sont • tristes? • si • qui

7. chocolat. • me • de • mon • souviens • le • qui • grand-père • adorait • Je

8. pour • ce • qui • parents. • Voilà • mes • compte

7 **Complète le message par les** *pronoms relatifs qui, que, où, laquelle, lesquels, ce que.*

A: lulu15@tatutata.net

Salut Jeanne,

J'écris ce mail entre mes exercices de maths et de physique. Le lundi est un jour _____ je déteste: on a huit heures de cours pour _____ on doit travailler super dur! Et avec des profs _____ pensent que leur matière est la plus importante!

Mais demain, c'est cool, on a musique avec une prof _____ a beaucoup d'idées et _____ on adore. La musique, c'est _____ je préfère au collège.

Après les cours, je vais chez ma copine Sarah. C'est une fille _____ est très drôle et _____ me plaît bien.

Elle habite dans un quartier _____ il y a des maisons vraiment sympas. Elle a une chambre dans _____ j'aimerais m'installer!

Et son frère! Il est _____ je connais de plus beau! Il va dans une école _____ on peut apprendre le chinois! Et toi, ça va? Quand est-ce que tu viens me voir?

À +,

Coralie

Grammaire mixte

8 Note pour chaque dessin une définition. Utilise un *pronom relatif* **ou** *pour* + *infinitif*.

acheter – travailler – utiliser – servir – lire – dormir – se déplacer – photographier – visiter – boire – tout dire – porter

| C'est | un endroit
un truc
un animal
un sport
quelque chose
quelqu'un | où
que/qu'/qui
pour (+ *infinitif*)
avec
à
sans | qui
lequel/laquelle
lesquels/lesquelles/... |

1. _____
2. _____
3. _____
4. _____
5. _____
6. _____
7. _____
8. _____
9. _____
10. _____

9 Regarde le dessin. Donne un prénom à ces personnages et décris-les. Utilise les pronoms relatifs *qui*, *que* ou *où* et des adjectifs.

avoir l'air – porter une veste – avoir les mains dans les poches – faire du roller – raconter – se disputer – rire – écouter – sortir son chien – ne pas pouvoir lire – être à côté de qn – tenir sur ses genoux

vieux – gentil – amoureux – sportif – furieux – sympa

_____
_____
_____
_____
_____
_____
_____
_____
_____
_____

Le comparatif | Der Komparativ

Le comparatif de l'adjectif | Die Steigerung des Adjektivs 4.4

1 Complète. Utilise le comparatif avec ■ *aussi*, ➕ *plus*, ➖ *moins* + adjectif.

Frank est sorti avec Julie. C'est l'horreur! Mais, dis-moi: est-ce que tu trouves que Frank est ___plus beau que___ (➕ • beau) moi?

Mais non, Bastien, tu n'es pas _____ (➖ • beau) lui. Tu es même _____ (■ • gentil) Frank.

Et tu es beaucoup _____ (➕ • drôle) Frank. En plus, tu es bien _____ (➕ • bon ⚠ en maths) lui.

2

Complète les phrases avec le *comparatif des adjectifs*. Pense à l'accord de l'adjectif.

À la boulangerie «Croc'pain», la baguette est _____
(+ • bon ⚠) le pain de campagne, mais elle est _____
(− • bon ⚠) leurs pains au chocolat et _____ (+ • cher)
au supermarché.

À ton avis, l'anglais, c'est _____
_____ (+ • facile),
_____ (= • facile)
ou _____
(− • facile) le français?

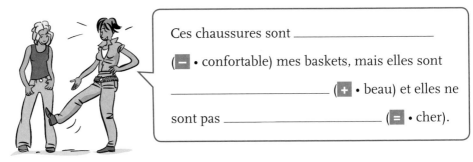

Ces chaussures sont _____
(− • confortable) mes baskets, mais elles sont
_____ (+ • beau) et elles ne
sont pas _____ (= • cher).

3

Traduis les phrases. Utilise le *comparatif de l'adjectif*.

1. David hat immer **bessere** Noten als Rémi.

   _____

   _____

2. Milène ist **netter** als Ottilie.

___

3. Weißt du, ob Berlin **größer** ist als Paris?

___

4. Ist der letzte Film von Marion Cotillard **schöner** als der Film von Audrey Tautou?

___

___

Le comparatif de l'adverbe | Die Steigerung des Adverbs 📖 5.2

4 Que dit le guide? Complète les phrases avec le *comparatif de l'adverbe*.

1. Nous prendrons le train jusqu'à Chambord, ça ira _____ (= • vite).

2. Pour nous promener _____ (+ • agréablement), nous prendrons aussi le bateau.

3. À mon avis, on mange _____ (+ • bien ⚠) dans un restaurant que dans un parc.

4. Je pense que cet endroit va _____ (+ • beaucoup ⚠) vous intéresser!

5. Les Anglais posent _____ (= • souvent) des questions que les Italiens.

6. Dans cette boutique de souvenirs, on vous informe _____ (= • intelligemment) que dans un musée.

5 Traduis les phrases. Utilise le *comparatif de l'adverbe*.

1. Unser Reiseführer spricht **ruhiger** Deutsch als ein Deutscher.
   _____

2. Aber er spricht genauso **gut** Deutsch wie ein Deutscher.
   _____

3. Hier kann man **besser** ⚠ essen als im Zentrum.
   _____

4. Lass uns die U-Bahn nehmen, das geht **schneller**.
   _____

Le comparatif des quantités | **Die Steigerung der Mengenangaben** 📖 1.5.1

6 Romain et Marion ont fait un sondage sur la lecture. Lis les résultats et commentez-les. Utilise le *comparatif* et *plus de*, *autant de* ou *moins de*.

	filles	garçons
romans: 46 %	65 %	35 %
magazines: 45 %	50 %	50 %
livres d'histoire: 20 %	59 %	41 %
bédés: 18 %	46 %	54 %
littérature classique: 16 %	57 %	43 %
encyclopédies: 11 %	50 %	50 %

48 Tu es en forme pour l'unité 2?

Les filles lisent plus de romans que de bédés.

7 **Traduis les phrases. Utilise le** *comparatif* **et** *plus de, moins de* **et** *autant de.*

1. Warum habe ich **weniger** Freunde als meine Schwester?

2. Vielleicht schreibt sie ihnen **mehr** Briefe?

3. Ich habe **genauso viel** Freizeit als sie.

4. Ihr solltet **mehr** Sport treiben.

Grammaire mixte

 8 *Adjectif* ou *adverbe*? **Entoure le mot qui convient.**

1. Ce n'est pas aussi normal / aussi normalement que cela d'avoir toujours peur!
2. Ne t'inquiète pas, tu vas y arriver plus facile / plus facilement qu'hier.
3. Tu devrais être plus heureux / plus heureusement qu'ils aient réagi aussi gentil / aussi gentiment!
4. Ce chanteur est moins drôle / moins drôlement en concert.
5. Pendant la catastrophe, mon père est resté moins calme / moins calmement que moi.
6. Après la catastrophe, il a continué à vivre aussi courageux / aussi courageusement qu'avant.

 9 **Pour rendre une lettre plus vivante, on peut utiliser des** *adjectifs* **et des** *adverbes*. **Complète les phrases avec l'***adjectif* **ou l'***adverbe* **qui convient. Pense à l'accord de l'***adjectif*.

> quotidiennement – fier – vraiment – libre – important –
> motivé – tranquillement – rapidement – sûrement –
> normalement – bon – heureux

1. Que faisaient les élèves quand ils avaient plus de temps _____ à midi?
2. Quand nous aurons une cafétéria au collège, les élèves pourront y aller plus _____ _____, prendre plus _____ leur repas.

50 Tu es en forme pour l'unité 2?

3. Les élèves qui y travailleront ne seront pas moins _____ parce que ce projet est plus _____ pour eux.

4. Ils seront aussi _____ que les profs de pouvoir participer _____ à la vie du collège.

5. Tom n'est pas encore arrivé mais il va _____ venir.

6. Marie a beaucoup ri pendant le film, et moi aussi, je l'ai trouvé _____ drôle.

7. Paul a l'air plus _____ qu'hier. Est-ce qu'il a reçu des _____ nouvelles de son copain?

8. Sophie était à l'heure à notre rendez-vous et c'est une bonne surprise parce que _____ elle est toujours en retard.

10 a Retrouve les *adjectifs* et les *adverbes*. Puis, complète le tableau quand c'est possible.

GENTIL COURAGEUX AUTONOME DIFFICILEMENT BIEN MODESTE JOLI FORMIDABLEMENT SÉRIEUSEMENT DANGEREUSEMENT

adverbe	adjectif féminin	adjectif masculin
gentiment	gentille	gentil

b Fais cinq phrases. Utilise les *adjectifs* et les *adverbes* de a. Utilise aussi le *comparatif*.

> être – avoir – répondre – envoyer – voir – s'habiller – connaître – choisir – mettre – prendre – conduire – pouvoir – savoir

Il sait mieux faire la cuisine que moi mais il est moins autonome que moi.

_____

_____

_____

_____

_____

Le subjonctif | Der Subjonctif 10.6

1 a Quel est le *subjonctif* de ces verbes? Complète avec la première personne du singulier et la première personne du pluriel.

préférer:	que je _____	que nous **préférions**
entendre:	que j'_____	que nous _____
offrir:	que j'_____	que nous _____
aller:	que j' **aille**	que nous **allions**
apprendre:	que j'_____	que nous _____
avoir:	que j'_____	que nous _____
être:	que je _____	que nous _____
faire:	que je _____	que nous _____
connaître:	que je _____	que nous _____
finir:	que je _____	que nous _____
lire:	que je _____	que nous _____

pouvoir: que je _____   que nous _____

savoir: que je _____   que nous _____

venir: que je _____   que nous _____

vouloir: que je _____   que nous _____

b Complète les phrases par des verbes de a.

1. Mauvaise journée pour Léo: il faut qu'il _____ chez le dentiste[1] après les cours.

2. Ses parents voudraient que Thomas _____ des amis plus sérieux et qu'il _____ plus autonome.

3. Nous aimerions que tu _____ des progrès en maths.

4. Il est important que vous _____ ce qui s'est passé hier soir.

5. Je ne peux pas venir parce qu'il faut que je _____ un livre pour demain.

6. Il faudrait qu'on _____ notre exposé aujourd'hui.

7. Il faut que tu _____ un cadeau à Lucie pour son anniversaire.

8. Mon grand-père veut que je _____ faire du vélo avec lui.

9. J'aimerais que tu _____ venir à mon anniversaire samedi.

10. Je ne veux pas que tu _____ cette histoire.

11. Ma mère voudrait que je _____ l'école aux copains et que j'_____ des meilleures notes.

12. Il faut que nous _____ nos devoirs avant le film.

13. Allez Mathis, essaie encore! Il faut que tu le _____ vraiment.

1 **le/la dentiste** Zahnarzt/Zahnärztin

2 **Dis-le autrement. Utilise** *Il faut/faudrait que* **+** *subjonctif*, *je voudrais/ aimerais que* **+** *subjonctif*.

| Il faut que … – Il faudrait que … – Je voudrais que … – J'aimerais que … |

Il faut que nous fassions moins de bruit.

_____

_____

_____

_____

3 **Qu'est-ce que ce père dit à sa fille? Reformule les phrases.**

| Il (ne) faut (pas) que + *subjonctif* – je (ne) veux pas que + *subjonctif*
je (n') accepte pas que + *subjonctif* – j'aimerais que + *subjonctif*
il est important que + *subjonctif* |

1. Tu dois nous écouter, ta mère et moi!
2. Tu dois réfléchir avant de parler!
3. Tu dois comprendre la situation.
4. Tu dois faire des efforts.
5. Tu dois être gentille avec nous!
6. Tu ne dois pas rentrer à des heures impossibles!
7. Tu ne dois pas traîner après l'école!
8. Tu dois bien travailler en classe.

4 **Finis les phrases. Utilise le *subjonctif*.**

1. Quel dommage que _____
   _____ (les vacances • *être* finies).

2. Je trouve nul qu'_____
   _____ (on • *devoir* • se lever tôt).

3. Il faudrait que _____
   _____
   (le temps • *être* meilleur • cette année).

4. Je voudrais que _____
   _____ (tu • *répondre* à • lettres).

5. J'aimerais que _____
   _____ (nous • *partir* ensemble • plus souvent).

6. Il faut que _____
   _____ (mes amis • *faire* une fête • la rentrée).

5 *Subjonctif* ou *indicatif*? **Complète.**

1. C'est triste que Tim et Tom _____ _____ (ne pas *vouloir*) venir avec nous.
2. Je ne pense pas que mon père _____ (*comprendre*) la situation.
3. J'espère que ma copine _____ (*réussir*) son examen.
4. Je crois que Charlotte _____ (ne pas *savoir*) ce qu'elle veut.
5. Il est important que vous _____ (*être*) optimistes.
6. Ce concours est dur mais je pense que Jules et Jim y _____ (*arriver*).
7. J'ai peur que le hasard _____ (*faire*) les choses à ma place.

Grammaire mixte

6 *Subjonctif* ou *indicatif*? **Finis les phrases.**

1. Mes parents voudraient que je _____ _____ (*Arzt werden*).
2. Je crois que je _____ (*krank sein*).
3. J'espère que tu _____ (*zu meiner Party kommen*).
4. Mon copain dit que tes profs _____ _____ (*mit Verspätung kommen*).
5. Est-ce que c'est possible que Noé _____ _____ (*mit uns in den Urlaub kommen*).
6. Nous savons que Pierre _____ _____ (*gestern einen Unfall haben*).

7 Martin est en France chez son copain. Ils attendent une copine à la gare.
Traduis ces phrases. Utilise l'*indicatif* ou le *subjonctif*.

1. Bist du sicher, dass Louise diesen Zug genommen hat?
2. Ich hoffe, dass wir nicht zu lange auf sie warten müssen
3. Das ist traurig, dass sie alleine kommt.
4. Wir sollten sie vielleicht auf ihrem Handy anrufen.
5. Ich wünschte, sie wäre schon da.
6. Ich möchte, dass wir anschließend etwas essen gehen.

Überprüfe deine Lösungen. Du findest alle Lösungen online unter www.cornelsen.de/webcodes. Gib dort APLUS-1775 ein.

Unité 2

VOLET 1

Les formes qui remplacent le passif allemand | Die Ersatzformen für das deutsche Passiv

Du möchtest ausdrücken, dass etwas getan wird:

Au Québec, on parle français.

→ Dazu brauchst du:

Ersatzformen für das deutsche Passiv

Merke: Im Französischen werden Passivsätze seltener als im Deutschen verwendet. Statt eines deutschen Passivsatzes kannst du im Französischen einen **Aktivsatz** mit einem **reflexiven Verb** oder einen **Aktivsatz** mit *on* verwenden.

En classe, **on** rit beaucoup. | In der Klasse **wird** viel **gelacht**.

Relie chaque phrase en allemand à son équivalent en français.

Hier wird nicht gespielt. **1**　　**a** On parle français au Québec.

Die Schultüte wird mit einem Band geschlossen. **2**　　**b** On range nos chambres tous les jours.

Unsere Zimmer werden jeden Tag aufgeräumt. **3**　　**c** La «Schultüte» se ferme avec un ruban.

In Québec wird französisch gesprochen. **4**　　**d** Ici, on ne joue pas.

1 *Qu'est-ce qu'on fait?* **Coche les phrases avec** *on ...* **qui se traduisent par une phrase à la voix passive (***im Passiv***) en allemand.**

1. ☐ Après la troisième, on peut aller au lycée.
2. ☐ Est-ce qu'on remplacera les profs par des ordinateurs?
3. ☐ À la colonie, on arrête les portables à 22 heures.
4. ☐ Avec mes amis, on rit et on pleure.
5. ☐ En Allemagne, on mange souvent froid le soir.
6. ☐ Dans la famille de mon corres, on boit beaucoup d'eau minérale.
7. ☐ Le matin, on passe par la rue Bonaparte.
8. ☐ On frappe à ma porte avant d'entrer.

2 **Coche les phrases avec un** *verbe réfléchi* **(***se lever, s'entendre, ...***) qui se traduisent par une phrase à la voix passive (***im Passiv***) en allemand.**

1. ☐ Armelle et Julien s'appellent tous les soirs.
2. ☐ Ça s'appelle la passion!
3. ☐ Les frites se mangent aussi avec les doigts.
4. ☐ La classe s'entend bien avec son prof principal.
5. ☐ Il se lève à cinq heures tous les matins.
6. ☐ Ce film se regarde en famille.
7. ☐ Avec ma sœur on se dispute souvent.
8. ☐ La porte se ferme avec deux clés.

3 Traduis cette publicité pour un blog français. Utilise *les formes qui remplacent le passif* si nécessaire.

Zum Suppentopf

- Bei uns werden Bioprodukte angeboten.
- Für unsere Suppen verwenden wir frisches Gemüse.
- Es schmeckt besser und es ist nicht teurer.
- Unsere Suppen werden auch online verkauft.
- Alle Rezepte können auf unserem Blog heruntergeladen werden.
- Bei uns werden auch Ihre kaputten Handys repariert.

VOLET 2

Le subjonctif (autres déclencheurs) | Der subjonctif (weitere Auslöser)

Du drückst Gefühle aus oder bewertest etwas:

Il a peur que ça fasse mal.
Je trouve nul qu'on parte si tard.

Dazu brauchst du:

→ **weitere Auslöser des** *subjonctif*

Relie.

Wunsch/Wille **a**

Notwendigkeit **b**

Gefühle **c**

Bewertung **d**

1 Il faut / Il faudrait que

2 J'ai peur que

3 Je trouve que / C'est nul/bizarre/triste/drôle/difficile/important/amusant/dommage que

4 Je suis content(e)/furieux(-euse)/étonné(e) que

5 C'est dommage que

6 Je veux / Je voudrais que

Il a peur que ça fasse mal.

1 Souligne d'abord les mots et expressions qui expriment un sentiment (*Gefühl*) ou un jugement (*Bewertung*). Note S ou J . Puis, complète les phrases avec les formes des verbes au *subjonctif*.

1. On espère que nos parents S _____ de nous laisser sortir samedi soir. (*accepter*)

2. C'est dommage que ta copine ne ☐ _____ pas tes problèmes. (*comprendre*)

3. Sophie ne croit pas que ses parents ☐ _____ la vérité. (connaître)

4. Mes parents trouvent normal que nous n'☐ _____ pas d'argent de poche. (avoir)

5. Il est inutile que nous ☐ _____ de ce problème! (discuter)

6. Je suis triste que tu ne ☐ _____ pas participer à ce projet. (vouloir)

2 Retrouve les expressions. Puis complète les phrases en utilisant le *subjonctif*.

1. Maman, pour nous, c'est portimant _____ qu'on _____ (pouvoir) sortir un peu!

2. Et toi, Louis, je trouve zabirre _____ que tu _____ (ne pas *faire attention*) quand on te parle.

3. Amélie a raison! C'est lun _____ que tu ne _____ (être) pas plus cool!

4. Votre mère et moi, on a reup _____ que vous _____ (ne pas *avoir*) les bons arguments!

Vous êtes en retard et c'est l'anniversaire de votre mère. Vous n'êtes pas cool!

5. Je suis serieufu _____ que vous _____ (ne pas *être à l'heure*) à table. Le repas est froid maintenant.

3 Qui dit quoi? Note le numéro des phrases de l'exercice 2 dans chaque bulle pour reconstituer le dialogue.

4 Complète par le *subjonctif*.

Je bedauere, dass _____ tu _____ (ne pas *vouloir*) partir avec moi en vacances. Je möchte so gern, dass _____ tu _____ (*venir*)! Es ist traurig, dass _____ on _____ (ne pas *se voir*) plus souvent. J'habe Angst, dass, _____ on _____ (*se perdre*) de vue. Je finde wichtig, dass _____ on _____ (*rester*) bons amis et es ist mies, dass _____ ce _____ (ne pas *être*) possible. Je wäre sehr glücklich, wenn _____ tu _____ (*changer*) d'avis. Tu findest es vielleicht blöd, dass _____ j'_____ (*insister*), mais j'espère encore.

Unité 2 | VOLET 2

Grammaire mixte

5 Transforme ces phrases. Utilise le *subjonctif présent* si nécessaire.

1. Quand on me regarde comme ça, je déteste.
2. Tu agis sans réfléchir, je suis furieux.
3. Restez plus longtemps, je le veux.
4. Son copain part sans elle, elle n'est pas contente.
5. Tu ne comprends pas la situation, c'est dommage.
6. Vous parlez très bien le français, c'est magnifique.
7. On se dispute pour des trucs bêtes, je trouve.
8. Ils vont à la fête sans nous? C'est impossible!

1. Je déteste qu'on me regarde comme ça.
2. _____
3. _____
4. _____
5. _____
6. _____
7. _____
8. _____

6 Traduis les phrases. Utilise le *subjonctif*.

1. Wir bedauern, dass ihr unsere Probleme nicht versteht. (*comprendre qc*)

_____

2. Leos Eltern befürchten, dass ihr Sohn die Prüfung wiederholen muss. (*repasser un examen*)

_____

_____

3. Es ist wichtig, dass ihr die Wahrheit erfahrt und dass ihr mir zuhört. (*apprendre la vérité / écouter qn*)

_____

_____

4. Mein Freund ist erstaunt, dass ich mich für alles interessiere. (*s'intéresser à tout*)

_____

_____

5. Er ist glücklich, dass wir uns so gut verstehen. (*se comprendre si bien*)

_____

_____

7 *Indicatif* ou *subjonctif*? **Relie les phrases.**

Le problème est grave, mais je suis sûre qu'on **1**   **a** ne sache pas se débrouiller seul.

Ils ont peur que cette expérience **2**   **b** peut compter sur lui.

Il viendra, c'est sûr, je sais qu'on **3**   **c** va trouver une solution.

Nous sommes heureux qu'elles **4**   **d** puissent venir samedi.

Elle est étonnée qu'il **5**   **e** comprendront le problème.

Nos parents sont très fiers que nous **6**   **f** réussissions si bien.

Ce n'est pas facile, mais j'espère qu'elles **7**   **g** soit trop dure pour eux.

8 *Indicatif* ou *subjonctif*? **Choisis le mode qui convient et complète les phrases.**

1. Je pense que mes études _____ longues et difficiles mais je crois que je _____ réussir. (*être • pouvoir*)
2. Je passe mon brevet le 22 juin. J'espère que je _____. (*réussir*)
3. Je souhaite que vous _____ des familles sympas au Canada. (*trouver*)
4. Je trouve bizarre qu'il ne _____ pas ce qu'il veut faire l'année prochaine. (*savoir*)
5. Il serait bon que vous _____ à l'examen. (*se préparer*)
6. Je suis triste que vous _____ notre ville. (*quitter*)
7. Mes parents ont peur que je n'_____ pas mon brevet. (*avoir*)
8. C'est dommage que tu _____ refaire la course. (*devoir*)
9. Je suis sûre que tu _____ plus tard. (*comprendre*)
10. Il faudrait qu'on _____ plus d'efforts pour l'accepter. (*faire*)

9 Quel sera l'emploi du temps de Thibault demain? Formule des phrases. Utilise le *subjonctif*.

> aider – faire les devoirs – aller chez le médecin –
> préparer un gâteau – écrire/finir une lettre de candidature –
> s'entraîner à la trompette[1] – nettoyer la voiture

_____

_____

_____

_____

_____

_____

_____

_____

1 **la trompette** Trompete

10 a **Louise et Valentin attendent Nicolas qui n'arrive pas!** *Indicatif (passé composé) ou subjonctif?* **Complète les phrases.**

1. **Louise:** Il faudrait peut-être qu'on lui _____ (*téléphoner*).

2. **Valentin:** Tu as raison. C'est dommage qu'on _____ (*perdre*) notre temps à l'attendre.

3. **Nicolas:** Salut! J'espère que vous _____ (ne pas *m'attendre*) trop longtemps.

4. **Valentin:** Nicolas n'est toujours pas là. J'espère qu'il _____ (ne pas *oublier*) notre rendez-vous.

5. **Louise:** C'est vrai, c'est bizarre qu'il _____ (ne pas *être*) encore là. Il lui est peut-être arrivé quelque chose.

6. **Valentin:** Ben, on est contents que tu _____ (*être*) là.

7. **Valentin:** Moi, je pense plutôt qu'il _____ (*rater*) le bus.

8. **Nicolas:** Bon, faisons vite. Je suis sûre que les autres _____ déjà _____ (*commencer*).

b **Mets les phrases dans l'ordre et reconstitue le dialogue.**

_____
_____
_____
_____
_____
_____
_____
_____

11 Fais les phrases. Retrouve d'abord les expressions. Puis, utilise le *subjonctif* ou l'*indicatif*. Tu peux aussi utiliser les verbes ci-dessous.

> parler de ses problèmes – (ne pas) venir – se voir – partir –
> attendre – réussir – construire – gagner la partie – descendre – aller

1. Ma copine esenp _____

   qu'on _____ trop longtemps.

2. Elle vetrou gemmado _____

   _____ qu'on _____

   au ciné demain.

3. Moi, par contre, je uiss tetencon _____

   _____ que tu

   _____ au collège.

4. Il n' tes pas bleimpossi _____ qu'elle

   _____ en vacances.

5. Mon copain set rief _____ qu'ils _____ une

   maison.

6. Mais moi, je tetesdé _____ que vous _____

   avec vos amis.

7. Marion ruotev zarrebi _____ que je _____

   _____ avec mes parents.

8. Il tes letinul _____ que/qu'on _____ plus

   souvent.

9. Ma mère pèrese _____ que mon frère _____

   la poubelle.

10. Lucas set rûs _____ qu'il _____

    _____ de cartes.

Les adverbes en -emment, -amment, -ément | Die Adverbien auf -emment, -amment, -ément

Weitere Adverbien

Ils voyagent **différemment**.
On parle français **couramment**.
Vous êtes **forcément** en retard.

→ die Adverbien auf -emment, -amment, -ément

Complète.

adjectif en -ent	féminin	→ adverbe en -emment [amã]
différent	_____	_____
_____	_____	violemment
intelligent	_____	_____
évident[1]	_____	_____

1 **évident/e** klar, eindeutig

adjectif en -ant	féminin	→ adverbe en -amment [amã]
courant[2]	_____	_____
indépendant	_____	_____

2 **courant/e** gängig, üblich

Merke: die Endungen -emment und -amment werden gleich ausgesprochen: [amã].

On voyage différemment.

autres adjectifs ⚠	féminin ♀	→ autres adverbes
énorme[1]	_____	_____
_____	_____	forcément
carré	_____	_____
absolu	_____	_____
_____	_____	gentiment

1 **énorme** *m./f.* riesig, gewaltig

1

Forme les *adverbes* **à partir des adjectifs. Puis note quel verbe va avec quel** *adverbe*.

indépendant – violent – différent – énorme[1] – intelligent – courageux – triste

agir – parler – s'entraîner – manger – demander – jouer – attendre – regarder – exagérer – réfléchir – se déplacer – répondre – s'occuper de qn/qc

1 **énorme** *m./f.* riesig, gewaltig

indépendant → indépendamment → Il s'entraîne indépendamment.

_____
_____
_____
_____
_____
_____
_____
_____
_____

2
Retrouve les *adjectifs*. Puis complète les phrases avec l'*adverbe* qui convient.

rûs → _____ rentfédif → _____

lusoab → _____ menoré[1] → _____

dantpendéin → _____ lentvio → _____

gentlitelin → _____

1. C'est important, j'ai _____ besoin de ton aide.

2. Depuis son séjour en France, il fait la cuisine

   _____.

3. Partons sans elles! Elles veulent voyager

   _____.

4. Essaie de répondre à mes questions

   _____.

5. Battez-vous mais pas _____.

6. Ils s'aiment _____.

[1] **énorme** *m./f.* riesig, gewaltig

Grammaire mixte

3
Marion parle de son échange. Complète le dialogue. Choisis et souligne un *pronom*.
Utilise aussi:
▲ l'*indicatif* ou le *subjonctif*
■ un *adjectif* ou un *adverbe*. Fais l'accord si nécessaire.

Adèle: Alors, c'est _____ ■ (*vrai*), tu es partie avec le

_____ ■ (*nouveau*) programme «Tauch ein»?

Marion: Oui, mais je t' y / le / en ai déjà parlé, non?

Adèle: Non, pas encore! Et, tu es _____ ■ (*content*) de ton

séjour? Qu'est-ce qui t'_____ ▲ (*plaire, passé composé*)?

Marion: Oh, ça n'a pas été _____ ■ (*facile*) de partir.

Adèle : Pourquoi ? Quand on est _____ ■ (*indépendant*) et qu'on _____ ▲ (*savoir*) se débrouiller, ça va !

Marion : Pas si simple ! Tu sais, c'est important qu'on _____ ▲ (*réfléchir*) bien avant de faire un échange. Mais je crois que je _____ ▲ (*pouvoir*) encourager les autres parce que c'est une expérience _____ ■ (*absolu*) passionnante.

Adèle : Ta famille ne m' / t' / nous a pas _____ ■ (*terrible*) manqué ?

Marion : Pas trop. Le problème, c'est plutôt la langue. Au début, j'ai cru que je ne savais plus parler _____ ■ (*intelligent*). Une langue étrangère, ça demande _____ ■ (*carré*) des efforts. Mais après une semaine, ça va mieux et tu vois la vie quotidienne _____ ■ (*différent*). Tu _____ ▲ (*vivre*) plus _____ ■ (*calme*).

Adèle : C'est super que tu m' / t' / nous _____ ▲ (*raconter*) tout ça. Maintenant, j'ai envie de partir. Je suis contente que tu _____ ▲ (*oser*) cette expérience. C'est super que tu _____ ▲ (*être*) aussi _____ ■ (*courageux*).

Les verbes *dire de* **/** *demander de* **+ infinitif**
Die Verben auf *dire de* **/** *demander de* **+ Infinitiv**

Du gibst wieder, worum jemand bittet oder wozu jemand auffordert:

Marie m'a demandé de lui écrire.
Le prof lui dit de préparer un exposé.

Dazu brauchst du:

die Verben *dire/demander à qn de faire qc*

Merke:

Nach *dire/demander à qn de* folgt der

_____.

Complète.

1. «Ne m'**appelle** pas.»

   → Mon copain m'a dit _____ ne pas l'_____.

2. «Claire, est-ce que tu peux m'**aider**.»

   → J'ai demandé à Claire _____ m'_____.

3. «**Raconte**-nous tes aventures.»

   → On me demande _____ vous _____ mes aventures.

4. «Tu vas **chercher** Basile à la gare, ce soir.»

   → Ma mère me demande _____ aller _____ Basile à la gare ce soir.

Il m'a demandé de vous rencontrer.

1 Ben n'a pas assez d'argent de poche. Samedi, il fait des petits boulots chez la voisine. Qu'est-ce que la voisine lui a demandé de faire? Fais les phrases. **Utilise** *dire de / demander de* + *infinitif*.

descendre les poubelles

La voisine lui _____

préparer le repas

La voisine lui _____

faire les courses

La voisine lui _____

passer l'aspirateur

La voisine lui _____

sortir le chien

La voisine lui _____

nettoyer le jardin

La voisine lui _____

2 Aujourd'hui, la mère de Clémentine rentre tard. Elle a laissé un message à ses enfants. Qu'est-ce que Clémentine écrit à ses frères. Fais les phrases au présent. **Utilise** *dire / demander à qn de de faire qc*.

1. Faites les courses.
2. Préparez une salade.
3. Finissez vos devoirs.
4. Sortez le chien.
5. Couchez-vous vers 21 heures.
6. Ne m'attendez pas pour le repas.
7. Ne regardez pas la télé toute la soirée.
8. Ne téléphonez pas trop longtemps à vos amis.

1. Maman nous demande de faire les courses.

2. _____
_____
_____

3. _____
_____
_____
_____ →→→

Unité 2 | VOLET 2   75

4. _____

5. _____

6. _____

7. _____

8. _____

Grammaire mixte

3 a Molly veut faire une fête à la maison. Qu'est-ce qu'elle doit faire? Qu'est-ce que sa mère veut qu'elle fasse? Raconte à sa place. Utilise le *subjonctif*.

1. Ma mère veut que nous **parlions** _____ (*parler*) aux voisins.

2. Il faut que nous ne _____ (*faire*) pas trop de bruit.

3. Il faut qu'on _____ (*ranger*) l'appartement après la fête.

4. Elle ne veut pas qu'on _____ (*appeler*) les copains maintenant.

5. C'est important qu'on _____ (*aller*) faire les courses bientôt.

6. Mes parents ne veulent pas que les invités _____ (*apporter*) de l'alcool[1].

1 l'alcool *m.* Alkohol

b Transforme les phrases de **a**. Utilise *dire/demander à qn de faire qc*.

1. Sa mère lui dit/demande de parler aux voisins.
2.
3.
4.
5.
6.

VOLET 3

Les verbes irréguliers *rejoindre* **et** *se plaindre* | **Die unregelmäßigen Verben** *rejoindre* **und** *se plaindre*

Weitere unregelmäßige Verben:

Leurs parents se sont plaints à cause du bruit. → **das Verb** *se plaindre*

Rejoignez-nous devant le ciné! → **das Verb** *rejoindre*

Complète.

rejoindre (jdn treffen/einholen)

présent	je rejoins
	tu _____
	il/elle/on _____
	nous _____
	vous _____
	ils/elles _____
passé composé	j' _____
imparfait	je _____
futur simple	je _____
conditionnel	je _____
subjonctif	que je _____
impératif	_____

Rejoins-moi vite!

À 15 heures.

Qui doit la rejoindre?

se plaindre (sich beklagen)

présent	je me _____
	tu te _____
	il/elle/on se _____
	nous nous _____
	vous vous **plaignez**
	ils/elles se _____
passé composé	je me _____
	tu t'_____
	il s'_____
	elle s'_____
	on s'_____
	nous nous _____
	vous vous _____
	ils se _____
	elles se _____
imparfait	je me _____
futur simple	je me _____
conditionnel	je me _____
subjonctif	que je me _____
impératif	_____-toi.
	_____-nous.
	_____-vous.

Pourquoi est-ce que vous vous plaignez?

1. Complète avec les formes du verbe *se plaindre*.

1. Autrefois, ils _____ (*imparfait*) moins.

2. Les élèves _____ (*présent*) quand ils ont trop de devoirs.

3. M. Bloch _____ (*passé composé*) qu'on ne faisait rien en classe.

4. Avec 15/20 en français, je ne _____ (*conditionnel*) pas.

5. C'est dur, mais ne nous _____ pas (*impératif*).

6. Prends mon sandwich, tu ne _____ (*futur*) plus.

7. Nathan était super, il ne _____ (*imparfait*) jamais.

8. 18/20 Et tu voudrais que je _____ (*subjonctif*).

2. Traduis en français. Utilise la forme du verbe *rejoindre* qui convient.

1. Meine Mutter möchte, dass wir sie in einer Stunde treffen. (*dans une heure*)

   _____

2. Mélanie hat ihren Freund nach der Schule getroffen.

   _____

3. Willst du mich beim Eisladen treffen? (*le marchand de glace*)

   _____
   _____

4. Geht vor. Ich werde euch später einholen. (*plus tard*)

_____

5. Jeden Donnerstag um 17 Uhr traf er uns. (*tous les jeudis*)

_____

Grammaire mixte

3 Complète les phrases avec les verbes aux temps et modes qui conviennent.

1. Avant, j'_____ (*avoir*) des notes super nulles en maths. (*imparfait*)

2. Après chaque interro, je _____ (*se plaindre*) parce que c'était trop difficile. (*passé composé*)

3. Maintenant, il faut que je _____ (*devenir*) le meilleur de la classe. (*subjonctif*)

4. Peut-être que je _____ (*devoir*) faire mes devoirs tous les jours? (*conditionnel*)

5. Si je _____ (*lire*) plein de livres, ça _____ (*pouvoir*) m'aider, non? (*imparfait, conditionnel*)

6. On _____ (*réussir*) mieux quand on _____ (*apprendre*) ses leçons. (*présent, présent*)

7. J'_____ (*décider*) de ne plus jamais _____ (*se plaindre*) en classe! (*passé composé, infinitif*)

8. Je ne _____ (*regarder*) plus la télé jusqu'à minuit. (*futur*)

9. Comme ça, je _____ (*rejoindre*) le groupe des bons élèves. (*futur*)

Retrouve les phrases. Mets les verbes à la forme qui convient.

1. se plaindre • Sophie • C' • tout le temps. • nul • que • être

2. Je • contente. • elle • bizarre • qu' • ne ... jamais être • trouver

3. de manière • plus • vivre • Elle • indépendante. • vouloir • différemment

4. On • demander • des • efforts. • de • faire • lui

5. en silence. • se plaindre • C' • elle • être mieux • qu'

6. de Johnny. • elle • Il faut qu' • au • concert • rejoindre • nous

Überprüfe deine Lösungen. Du findest alle Lösungen online unter www.cornelsen.de/webcodes. Gib dort APLUS-1775 ein.

Tu es en forme pour l'unité 3?

Hier wiederholst du den Stoff, den du schon kennst. Wenn du Schwierigkeiten hast, schlage in deinem Grammatikheft **À plus! 4** oder in der *Französischen Grammatik* (ISBN 978-3-464-22014-6) nach.

Prépositions et articles devant les noms de pays | Präpositionen und Artikel vor Ländernamen 7.2.1

1 Où est-ce qu'ils sont allés? Utilise *en*, *au* ou *aux* et le nom du pays.

> la France – la Tunisie – l'Italie *f.* – le Canada – les Pays-Bas *m. pl.* – l'Allemagne *f.*

Elle est allée _____

Grammaire mixte

2 Présente ces personnes. Utilise les verbes au temps demandé et les prépositions qui conviennent.

1. Svenja et Annegret <u>viennent d'Allemagne</u> (venir • Allemagne – présent). Avant, elles _____ (habiter • Ismaning – imparfait). Maintenant, elles _____ (être • Munich – présent). L'été prochain, elles _____ (aller • Italie – futur).

2. M. et Mme Grote _____ (vivre • Pays Bas – passé composé) pendant 40 ans. Maintenant, ils _____ (habiter • Belgique – présent).

3. Paola _____ (venir • Italie – présent). Avant, elle _____ (vivre • Rome – imparfait). Maintenant, elle _____ (faire ses études • Lyon – présent).

4. Ahmed et Faiza _____ (vivre • Tunisie – présent). Ils _____ (se rencontrer • Tunis – passé composé).

5. Ben _____ (venir • France – présent). Il _____ (partir • États-Unis – présent) pour un an où il _____ (habiter • Boston – futur) chez son corres.

6 M. Martin _____ toujours _____ _____ (vivre • Poissy – passé composé).
C'_____ (être • près de • Paris – présent). Ses enfants _____ _____ (habiter • Allemagne – présent).

7 Les Vignaud _____ (venir • Tadoussac – présent). C'_____ _____ (être • Québec – présent).

Le discours indirect au présent | Die indirekte Rede im Präsens 22.1 + 22.3.1

1 Transforme les phrases. Utilise le *discours indirect au présent*.
Pense à transformer les pronoms.

1. Marion demande à Romain: «Quels films est-ce que tu préfères?»
   Marion demande à Romain quels films est-ce qu'il préfère.

2. Romain répond: «J'adore les films d'action.»
   _____
   _____

3. Marion lui demande: «Pourquoi est-ce que tu n'as pas trop aimé ce film?»
   _____
   _____
   _____

4. Il lui dit: «Je préfère les films de monstres.»
   _____
   _____

→→→

Tu es en forme pour l'unité 3?

5. Marion pense: «Ce n'est pas ton film préféré parce qu'il n'y a pas de suspens.»

_____

6. Elle lui demande: «Pourquoi est-ce que tu n'as pas voulu voir ce film?»

_____

2 Qu'est-ce que Virginie dit à Claire? Écris les phrases. Utilise le *discours indirect au présent*. **Pense à transformer les pronoms.**

> Il/Elle raconte/dit que ___.
> Il/Elle demande/veut savoir ___.

> Claire, ta nouvelle robe te va très bien, mais tu n'es pas bronzée. Qu'est-ce que tu as fait pendant les vacances? Moi, je suis allée en Italie. Mes parents y ont une maison près de Capri. J'ai fait du bateau tous les jours et j'ai beaucoup nagé.

<u>Virginie dit que la nouvelle jupe de Claire lui va très bien.</u>

_____

3 Marion et Romain sortent du cinéma. Ils ont vu «Le goût des autres» un film sur la tolérance. Qu'est-ce qu'ils pensent du film? Écris les phrases. Utilise le *discours indirect au présent*. **Pense à transformer les pronoms.**

> Elle/Il dit/trouve/pense/répond que ___.
> Elle/Il demande / veut savoir si ___.

Ce film est génial: tout m'a plu! L'histoire est très drôle mais très réaliste. Les acteurs jouent super bien. J'ai envie de le revoir. Et toi, il t'a plu?

_____
_____
_____
_____
_____
_____

Je le trouve un peu long. Il n'y a pas assez de suspense. Mais tu as raison: les acteurs sont très bons. On va boire un coca avant de rentrer?

_____
_____
_____
_____
_____
_____

Grammaire mixte

4 Explique au guide ce que ces touristes allemands disent. Utilise *le discours indirect au présent*.

> Ils demandent si / comment / où / ce que / ——
> Ils veulent / voudraient savoir si / comment / où / ——

1. Gibt es ein Café in der Nähe?
2. Ist Paris eine teure Stadt?
3. Ist der Eiffelturm weit von hier?
4. Wie heißt dieses Bauwerk?
5. Gibt es eine U-Bahn-Station in der Nähe?
6. Wo kann ich Postkarten kaufen?
7. Um wie viel Uhr schließen die Geschäfte?

Le conditionnel présent | Das conditionnel présent 10.5.

1 Quand est-ce que tu utilises le *conditionnel*? Coche.

- [ ] a Hypothese
- [ ] b Zweifel
- [ ] c Vergleich
- [ ] d Wunsch
- [ ] e Ablehnung
- [ ] f Meinung
- [ ] g Ratschlag
- [ ] h Zustimmung
- [ ] i Vorschlag
- [ ] j Höflichkeit

2 Complète les phrases de 1 avec les verbes au *conditionnel*. Puis note pour chaque phrase la catégorie de 1 qui y correspond.

1. À ta place, je **parlerais** _____ (*sprechen*) à mes parents et je leur _____ (*erklären*) mon problème.

   → **Ratschlag** _____

2. Pourquoi est-ce que tu ne _____ (*machen*) pas un stage dans une boulangerie?

   → _____

3. On _____ (*wollen*) avoir plus de divertissement!

   → _____

4. Sans études, j'_____ (*haben*) sûrement plus de difficultés pour gagner ma vie plus tard.

   → _____

5. Est-ce que tu t'_____ (*sich engagieren*) pour les animaux?

   → _____

6. Vous _____ (*können*) ouvrir la porte s'il vous plaît?

   → _____

3. Traduis les phrases de 2. Utilise les mots suivants:

ein Praktikum – an deiner Stelle – die Schwierigkeit – die Tiere – die Unterhaltung

_____
_____
_____
_____
_____
_____
_____

Grammaire mixte

4. Albert rêve d'une autre vie. Formule les phrases. Utilise le *conditionnel présent*.

1. je • *eine große Reise machen*
2. Élodie • *da sein*
3. on • *Bootsfahrten machen*
4. elle • *in der Nähe wohnen*
5. nous • *sich öfters sehen*
6. ses parents • *einverstanden sein*
7. elle • *in den nächsten Ferien kommen*
8. l'eau • *wärmer sein*
9. je • *länger baden*
10. je • *mehr Geld haben*
11. je • *einen heißen Kakao trinken*

1. Dans une autre vie, je ferais un grand voyage.
_____
_____

Le présent, l'imparfait et le passé composé | *Présent, imparfait* und *passé composé*  15.2 + 15.4 + 15.5

1 Pour raconter un événement ou une expérience, tu dois utiliser des expressions de temps. Relie chaque expression à sa traduction.

während der Ferien **1**   **a** avant
dann **2**   **b** le premier jour
vor **3**   **c** souvent
am ersten Tag **4**   **d** l'année dernière
letztes Jahr **5**   **e** un jour
oft **6**   **f** pendant les vacances
eines Tages **7**   **g** puis

Tu es en forme pour l'unité 3?

2

Complète le texte avec les expressions de 1 et souligne les verbes conjugués à l'*imparfait* ou au *passé composé*. Puis, note pourquoi on utilise l'*imparfait* ou le *passé composé*.

imparfait	passé composé
→ Du kommentierst ein Ereignis. → Du beschreibst die Umstände in der Vergangenheit. → Du beschreibst eine Person.	→ Du schilderst eine Aktion in der Vergangenheit. → Du berichtest von einer Kette von Ereignissen in der Vergangenheit. → Du erzählst von früher.

1. <u>L'année dernière</u> _____ j'<u>ai aidé</u> la mère de ma corres dans l'épicerie solidaire[1] de notre quartier.

    → <u>Aktion in der Vergangenheit</u> _____

2. _____ mon séjour chez eux, ma corres <u>m'a beaucoup parlé</u> de ce magasin.

    → _____

3. _____, j'<u>étais</u> heureuse de le découvrir enfin.

    → _____

4. Cette expérience <u>a duré</u> un mois.

    → _____

5. _____, j'<u>ai sorti</u> les fruits et les légumes des sacs.

    → _____

6. _____, j'<u>ai nettoyé</u> les étagères.

    → _____

7. Je <u>suis devenu</u> un vrai champion maintenant. _____, une jeune femme nous <u>a raconté</u> son histoire qui <u>était</u> vraiment triste.

    → _____

1 l'épicerie solidaire *f.* Kiezladen

3 Florent a réussi. Choisis la forme du verbe qui convient.

Il y a deux ans, j'ai rencontré / je rencontrais Florent. À cette époque, il est / était au chômage parce que le bureau où il travaille / travaillait depuis plus de dix ans a dû / doit fermer. Tous les jours, Florent achetait / a acheté le journal et lisait / a lu les annonces[1]. Un jour, il répondait / a répondu à une annonce qui l'intéresse / intéressait beaucoup. Il savait / a su tout de suite que ce travail était / a été pour lui. Il avait / a eu de la chance: on lui proposait / a proposé le poste[2]. Le travail lui plaisait / a plu et il signait / a signé le contrat[3]. Maintenant, il gagnait / gagne bien sa vie et il voyageait / voyage beaucoup.

[1] l'annonce *f.* Anzeige [2] le poste Stelle [3] le contrat Vertrag

Grammaire mixte

4 Maureen est mannequin[1] depuis deux ans. Dans cette interview, elle raconte ses débuts et son amour pour ce métier. *Présent, passé composé, imparfait, conditionnel, subjonctif, infinitif*? Choisis les formes correctes des verbes.

Journaliste: Comment as-tu commencé dans ce métier?

Maureen: Devenir mannequin, ce/c' serait / a été / était un rêve de petite fille. À douze ans, je tomberais / tombais / suis tombée sur un concours dans un magazine. Tout de suite, je/j' déciderais / décidais / ai décidé d'y participer. Mais je/j' ai été / suis / étais trop jeune. En décembre 2017, enfin, je/j' ai réussi / réussissais / réussirais!

Journaliste: Comment est-ce que tes premiers défilés[2] se sont passés / se passeraient / se passent?

Maureen: Très bien. Je/J' fais / ferais / ai fait mon premier défilé à Paris, et le deuxième à Prague.

→→→

Journaliste: Est-ce que tu arrêtes / arrêterais / as arrêté l'école?

Maureen: Non. Si je/j' voudrais / ai voulu / veux arrêter mes études, mes parents ne me permettent / permettaient / permettront pas de continuer ce métier.

Journaliste: Qu'est-ce qui te plaît / plaisait / plairait le plus dans ton métier?

Maureen: Tout! Et pourtant, au début, ce ne/n' soit / est / était pas facile! Il faut qu'un mannequin soit / était / serait motivé à 100 % pour réussir!

Journaliste: Quels conseils est-ce que tu donnais / donnes / donnerais aux jeunes qui veulent / ont voulu / voulaient faire ce métier?

Maureen: Il faut absolument qu'ils continuaient / ont continué / continuent leurs études parce que la carrière d'un mannequin est / soit / était courte. Il faut qu'ils pensent / pensaient / ont pensé à plus tard.

1 **le mannequin** Model   2 **le défilé** Modeschau

Überprüfe deine Lösungen. Du findest alle Lösungen online unter www.cornelsen.de/webcodes. Gib dort APLUS-1775 ein.

Unité 3

VOLET 1

Les fractions | Die Bruchzahlen

Weitere Mengenangaben:

Qui a mangé la moitié du gâteau?
En 2010, trois quarts des trains étaient en retard. → die Bruchzahlen

Der Zähler einer Bruchzahl gibst du mit einer _____ an, z. B. *deux*. Den Nenner gibst du mit einer _____ an, z. B. *un cinquième*.

Ausnahmen: 1/2 = *un demi*, 1/3 = *un tiers*, 1/4 = *un quart*.

Ist der Zähler größer als 1, steht der Nenner im Plural: *un quart* → *deux quart**s***

Merke:

Vor Brüchen, auf die eine Ergänzung folgt und deren Zähler größer ist als 1, steht häufig der bestimmte Artikel im Plural. (***les*** *deux tiers des femmes*)

Retrouve la bonne fraction¹ et note son nom.

1 **la fraction** Bruchzahl

| un tiers – un demi / la moitié – un cinquième – deux tiers – trois quarts – un quart – quatre cinquièmes |

A un demi / la moitié

D _____
E _____

B _____
C _____

F _____
G _____

1 Relie la bonne fraction¹ à son nom.

1/8 **1**   **a** trois septièmes
2/5 **2**   **b** un sixième
1/6 **3**   **c** neuf dixièmes
7/9 **4**   **d** sept neuvièmes
3/7 **5**   **e** un huitième
9/10 **6**   **f** deux cinquièmes

1 **la fraction** Bruchzahl

2 Note le nom de chaque fraction.

1   **2**   **3**   **4**

_____   _____   cinq cinquièmes   _____

5   **6**   **7**   **8**

_____   _____   _____   trois cinquièmes

9   **10**   **11**   **12**

_____   trois quarts   _____   _____

13   **14**   **15**   **16**

_____   un sixième   _____   _____

17   **18**   **19**   **20**

_____   _____   _____   quatre sixièmes

Grammaire mixte

3 François présente ces statistiques sur les Français et l'écologie[1]. Complète les phrases avec les expressions ci-dessous.

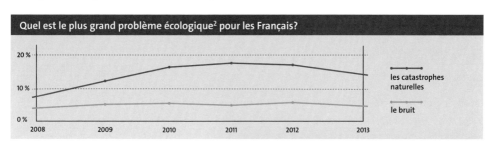

le plus grand – un tiers des Français – entre 2010 et 2013 – une fois par mois – depuis 2015 – entre 5 et 6 % des Français – un sixième des Français – la moitié des Français

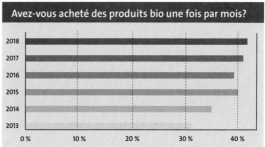

1. En 2013, _____ disent que _____ problème écologique pour eux est le bruit.

2. Mais en 2013, près d' _____ pense que ce sont les catastrophes naturelles.

3. Surtout _____, beaucoup de Français pensent que les catastrophes naturelles sont aussi un gros problème.

4. En 2018, moins de _____ faisait ses courses dans un supermarché bio.

5. En 2013, _____ ont acheté des produits bio _____.

6. _____ les choses ont un peu changé.

[1] l'écologie f. Umweltschutz   [2] le problème écologique Umweltproblem

VOLET 2

Le plus-que-parfait | Das Plusquamperfekt

Du berichtest über Ereignisse in der Vergangenheit:

Marie **avait visité** le Cameroun avant de s'y installer.

➡ Dazu brauchst du: **das** *plus-que-parfait*

Merke:

Du bildest das *plus-que-parfait*, mit der

_____-Form des Hilfsverbs

(*être* oder _____) und dem

_____ eines Verbs.

J'avais vu cet instrument et j'ai voulu l'acheter.

Marie **avait visité** le Cameroun.	Elle **s'est installée** à Yaoundé.	Elle y **vit** avec sa famille.
Vorvergangenheit	Vergangenheit	Gegenwart

Mit dem *plus-que-parfait* kannst du ausdrücken, dass eine vergangene Handlung noch vor einer anderen ebenfalls vergangenen Handlung stattgefunden hat.

Complète par les formes au *plus-que-parfait*.

visiter (besuchen)

j' _____

tu _____

il/elle/on **avait visité** _____

nous _____

vous _____

ils/elles _____

partir (weggehen)

j' _____

tu _____

il/elle/on _____

nous _____

vous _____

ils/elles _____

1 Lis la carte postale. Note les verbes dans le tableau.

imparfait	passé composé	plus-que-parfait
	est arrivé	

Chère Magali,

Québec! Une semaine déjà. Quand on est arrivé, il faisait très froid (moins trente) et il avait beaucoup neigé. Tout était blanc. Dans l'avion, il y avait deux Québécois de Laval super gentils qui avaient passé six mois en France. Ils nous ont donné leur adresse. On a déjà visité plein de choses: le Vieux-Port, la cathédrale, la citadelle... Fantastique, non?

À bientôt, Valérie

Magali Durant

1 rue Notre-Dame

22000 Saint-Brieuc

2 D'abord les bonbons et après le cinéma? Lis les phrases et souligne ce qui s'est passé d'abord.

1. Quand j'ai ouvert mon sachet de bonbons, le film <u>avait déjà commencé.</u>

2. Quand le film a commencé, j'avais déjà mangé tous mes bonbons.

3. Océane avait raté son test et elle était triste.

4. Océane était triste. Alors, elle a raté son test.

5. Quand je suis arrivé au café, mes copains étaient en train de partir.

6. Quand je suis arrivé au café, mes copains étaient partis.

7. Quand Luc a découvert la boulangerie, il avait déjà dépensé tout son argent.

8. Luc a découvert la boulangerie et il y a dépensé tout son argent.

3 Relis les phrases de 2. Puis note pour chaque image de 3 le numéro de la phrase de 2 qui correspond.

4 Organise les phrases sur une ligne chronologique.

1. Aujourd'hui, Basile montre des photos à son cousin.
2. Le mois dernier, il a fait un voyage en Allemagne.
3. Avant ce voyage, il avait parlé à son cousin qui lui avait raconté des histoires intéressantes sur ce pays.
4. Le premier jour dans la famille de sa corres, Basile était très fatigué parce qu'il n'avait pas beaucoup dormi dans le train.

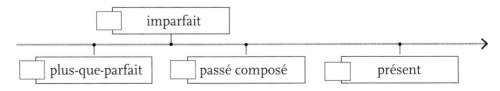

5 a Chloé est rentrée d'Allemagne. Complète les phrases avec les *participes passés* qui manquent.

> quitter – finir – prendre – aller – rester – faire – participer – revenir – tenir

1. Chloé n'avait pas _____ son sac quand ils sont _____ à la plage. (*nehmen • gehen*)

2. Le soir, Till et sa sœur n'avaient pas _____ de manger quand ils ont _____ la table. (*beenden • verlassen*)

3. Chloé est _____ seule à la maison parce que sa corres était _____ au club de foot. (*bleiben • hingehen*)

4. Maja a _____ activement au cours d'histoire parce qu'elle avait déjà _____ un exposé sur ce thème. (*mitmachen • halten*)

5. Chloé avait _____ beaucoup de progrès en allemand quand elle est _____ en France. (*machen • zurückkommen*)

b Souligne dans chaque phrase de a l'action qui s'est passée d'abord.

6 Écris la fin des phrases. Utilise le *plus-que-parfait*. Pense à l'accord du participe passé conjugué avec *être* et à l'accord de l'adjectif si nécessaire.

1. Il a perdu le portable que sa tante lui **avait offert** pour l'anniversaire. (*offrir*)

2. Quand nous sommes arrivés à la gare, ils _____ _____. (ne pas encore *arriver*)

3. Ma grand-mère n'est jamais revenue dans cette ville où elle _____ _____. (*être malheureux*)

→→→

4. Les copains s'inquiétaient parce que Laura _____.

   (*partir seul*)

5. Ses copains voulaient savoir qui était le garçon qu'elle _____. (*appeler hier soir*)

6. Marion était déçue parce que sa copine _____ _____.

   (ne pas *vouloir aller à la piscine*)

Grammaire mixte

7 Qu'est-ce qui s'est passé d'abord? Retrouve les formes correctes des verbes (*passé composé* ou *plus-que-parfait*). Puis fais les phrases.

1. Lotte téemon tes dans le train • Ariane lléestain jàdé taité s' à côté de Jules • quand

   _____
   _____
   _____

2. Sabine et Berti tréesen tons dans la cuisine • la mère de Sabine nifi vaita la vaisselle • quand

   _____
   _____

3. elle y sélais vaita sa batterie • Manon néeretou tes à la voiture • parce qu'

   _____
   _____

4. Gudule véearriv tes à la fête de départ • le concert cémencom vaita • quand

   _____
   _____

8 Complète le texte par les formes au présent, au *passé composé*, à l'*imparfait* ou au *plus-que-parfait*.

À: Marion@mail.fr

Chère Marion,

On _____ (ankommen) il y a plus de deux semaines, mais j'ai l'impression[1] que c'_____ (sein) hier. Quand on _____ (ankommen) au camp, on _____ (sein) super fatigués. Le voyage de Paris à Montréal _____ (dauern) longtemps et on _____ (müssen) repartir tout de suite pour Pabos Mills.

J'_____ (haben) une idée géniale de venir ici! Les premiers jours, j'_____ (haben) un peu peur parce que je _____ (kennen) seulement Brandon, mais tous les jeunes sont sympas. Je te raconterai. Au début, ce n'_____ (sein) pas évident de comprendre les gens autour de moi. Maintenant, je _____ (sich fühlen) comme à la maison.

À plus!

Tim

[1] **avoir l'impression** *f.* den Eindruck haben

9 Antonin est à l'internat[1] depuis une semaine. Il écrit à ses parents. Complète sa lettre: conjugue les verbes au *passé composé*, à l'*imparfait* ou au *plus-que-parfait*.

> ne pas entendre – commencer – ne rien dire – mal dormir –
> donner – avoir – arriver (2x) – aller – ne rien comprendre –
> réfléchir longuement – faire – être – discuter

Cher papa, chère Maman,

Cela fait une semaine maintenant que j'habite à l'internat[1]. Ce n'est pas facile.

Le premier jour, je _____ le réveil[2] parce que j'_____ et je _____ _____ en retard. Ça _____ mal mais le prof de maths _____. On _____ un exercice de géométrie et je _____. C'_____ l'horreur et pourtant d'habitude, je suis bon en maths!

Tout à coup, j'_____ de pleurer! Pendant la récréation, j'_____ avec un autre jeune de ma classe. Il _____ dans cette école il y a un an. Il _____ avant de venir et pourtant, au début, il _____ des difficultés. Mais maintenant ça va bien!

Alors, ça m'_____ du courage et on _____ ensemble à la cantine.

À plus, Antonin

1 l'internat *m.* Internat   2 le réveil Wecker

VOLET 3

Le discours indirect au passé | Die indirekte Rede in der Vergangenheit

Du gibst wieder, was jemand gesagt hat:

Malo: «Je serai à l'aéroport à dix heures.»
Malo **a dit qu'**il serait à l'aéroport à dix heures.

Dazu brauchst du:

→ **die indirekte Rede in der Vergangenheit**

Complète la règle.

Diese Zeitformen musst du in der indirekten Rede **verändern**:

direkte Rede		indirekte Rede
présent	→	imparfait
futur simple	→	_____
passé composé	→	plus-que-parfait

Diese Zeitformen musst du in der indirekten Rede **nicht verändern**:

direkte Rede		indirekte Rede
imparfait	→	_____
plus-que-parfait	→	plus-que-parfait
conditionnel présent	→	_____

⚠ Denke daran,
- die indirekte Frage mit *si* oder **mit dem Fragewort der direkten Frage** einzuleiten.
- die Pronomen und Begleiter sowie Verben **anzupassen**.

Mon frère m'a dit que sa copine lui avait dit que son père voulait savoir ce que tu voulais dire quand tu as dit que…

Malo: «Je t'attendrai avec ma mère devant la gare.»
Malo a dit qu'il m'attendrait devant la gare avec sa mère.

1 Relie.

Véronique a dit:	Véronique a dit …
«Je le vois souvent.» **1**	**a** … qu'elle le voyait.
«Il jouait avec ses copains.» **2**	**b** … que cela avait été difficile.
«Il donnerait tout pour gagner.» **3**	**c** … qu'il donnerait tout pour gagner.
«Il est allé à Cannes.» **4**	**d** … qu'il était allé à Cannes.
«Cela avait été difficile.» **5**	**e** … qu'il jouait avec ses copains.
«Un jour, il sortira de son quartier.» **6**	**f** … qu'un jour il sortirait de son quartier.

2 Complète les phrases avec la forme correcte du verbe. Utilise le *discours indirect au passé*.

1. «On a fait un pique-nique avant de faire une petite randonnée.»

   Jens a dit qu'ils **avaient fait** un pique-nique avant de faire une petite randonnée.

2. «Au début, l'ambiance n'est pas très bonne.»

   Jens a dit qu'au début l'ambiance n'_____ pas très bonne.

3. «On a joué super bien et on a gagné.»

   Jens a dit qu'ils _____ super bien et qu'ils _____ _____.

5. «Mes amis m'ont invité le soir au cinéma.»

   Jens a dit que ses amis l'_____ le soir au cinéma.

6. «J'ai passé une super journée.»

   Jens a dit qu'il _____ une super journée.

3 Des jeunes Marseillais ont parlé de leur ville. Qu'est-ce qu'ils ont dit?
Fais les phrases. Utilise le *discours indirect au passé*.

1. J'aime ma ville, mon quartier et les gens.
2. À Marseille, tout le monde s'intéresse au foot.
3. Les gens vont souvent voir des matchs de l'OM.
4. Je n'ai jamais aimé ma ville à cause de la pollution
5. J'aimerais vivre à la campagne et un jour, je partirai d'ici.
6. Je vis ici depuis peu. Au début, c'était dur parce que je ne connaissais personne.
7. Moi, j'ai toujours vécu à Marseille et je ne peux pas m'imaginer vivre dans une autre ville. C'est une ville super. Il faut la connaître pour l'aimer.
8. Moi, j'adore l'ambiance et le climat de Marseille. Je ne pourrais pas vivre dans un pays froid.

> Il/Elle a dit _____ – Il/Elle a confié _____
> Il/Elle a raconté _____ – Il/Elle a expliqué _____

Regarde les dessins. Qu'est-ce que Pauline a dit? Prends le rôle de Ludovic et écris ce qu'il raconte à Vincent.

Grammaire mixte

5 Le père de Jeanne raconte à sa femme ce que leur fille leur a écrit. Retrouve les mots. Puis transforme les phrases. Utilise le *discours indirect au passé*.

Chers par**en**ts, cher Julien,

Je suis b**ien** arrivée à Marseille. Il fait **ch**aud et la mer est bleu**e**. Je n**a**ge souvent **da**ns les calanques. J'ai mangé ma **pre**mière bouillabaisse¹, c'est t**rès** bon. J'ai visité le centre-v**il**le et le Vieux-Port. Je vais vo**ir** un **ma**tch de foot avec tante Michèle. Je reviens sa**med**i. Je prends le TGV de 10 h**eu**res et serai à 15 heures à Paris. Vous serez à la **ga**re?

Bises,
Jeanne

Famille Grosvalet
12 rue de la Tour
46000 Cahors

1 la bouillabaisse Fischsuppe

Le pronom relatif *dont* | Das Relativpronomen *dont*

Weitere Relativpronomen

Le livre tu m'as parlé m'a beaucoup plu. ➡ der Relativpronomen *dont*

Ce sont les affaires dont j'ai besoin.

Complète

Mit *dont* kannst du unterschiedliche Ergänzungen mit _____ ersetzen:

– die Ergänzung eines Nomens mit _____ (*le nom **de** ce lac*),

– die Ergänzungen eines Verbes mit _____ (*rêver **de** qc/qn*)

– die Ergänzungen eines Adjektivs mit _____ (*fier **de** son vélo*).

a Qu'est-ce que *dont* remplace dans les phrases suivantes? Souligne le mot.

1. Monika a trouvé sur Internet le livre **dont** elle a besoin.
2. Hier, Iris a vu le film **dont** je lui ai parlé.
3. Voici des photos **dont** je suis très fière.

b Traduis les trois phrases de a.

_____

_____

_____

1 Traduis les phrases.

1. Voici le portable dont tu as besoin. (*brauchen*)

   _____

2. Montre-moi les chaussures dont tu as envie. (*Lust auf etw. haben / etw. haben wollen*)

   _____

3. Hier, j'ai rencontré le garçon dont tu m'as parlé. (*von jdm sprechen/erzählen*)

   _____

4. Mon premier stage est une expérience dont je me souviens très bien. (*sich an etw./jdn erinnern*)

   _____

5. Elle a pris une décision dont elle peut être fière. (*stolz auf jdn/etw. sein*)

   _____

2 Relie ces phrases par le pronom relatif *dont*. Écris une seule phrase.

1. J'ai enfin lu le **livre**. Tu m'avais parlé de ce **livre**.

   J'ai enfin lu le livre dont _____

2. Est-ce que tu as vu le **film** ? Tout le monde parle de ce **film**.

   _____

3. Anna va au cinéma avec le **garçon**. Elle est amoureuse de ce **garçon**.

   _____

4. Ma grand-mère veut bien m'offrir la **montre**. Je rêve de cette **montre**.

   _____

Grammaire mixte

3 Imagine des fins de phrases. Tu peux utiliser les mots suivants.

> avoir besoin de qn/qc – parler de qn/qc – rêver de qn/qc –
> être fière de qn/qc – se souvenir de qn/qc – s'occuper de qn/qc –
> avoir envie de qc

1. Ma grand-mère va m'offrir le vélo dont _____.

2. Est-ce que tu as encore le texte dont _____.

3. On a enfin les informations sur Voltaire dont _____.

4. Je ne sais pas si je vais pouvoir faire le voyage dont _____.

5. Hier, j'ai rencontré la fille dont _____.

6. Est-ce que ta sœur a revu le garçon dont _____.

7. Voici une photo de famille dont _____.

8. C'est un professeur très sympa dont _____.

4 Complète le dialogue. Choisis le *pronom relatif* qui convient.

Sur Internet, j'ai trouvé beaucoup d'informations dont / où / que / qui j'ai besoin pour mon voyage à Potsdam.

Moi, j'ai une copine dont / où / que / qui a passé deux semaines dans cette ville, l'année dernière. Elle était chez une amie dont / où / que / qui va bientôt venir chez elle. Ma copine m'a beaucoup parlé d'un garçon dont / où / que / ou / qui elle a fait la connaissance là-bas. Elle a bien aimé Potsdam. Elle a sûrement des infos dont / où / que / qui pourraient t'intéresser.

Marie: Super! Elle a peut-être un livre dont / où / qu' / qui elle pourrait me prêter. Et toi, est-ce que tu sais dont / où / que / qui tu vas passer tes vacances?
Laura: Je vais aller chez des cousins dont / où / que / qui je n'ai pas vus depuis trois ans.
Marie: Oh, quelle chance! Ce sont les cousins dont / où / que / qui tu parles souvent et dont / où / que / qui sont venus à ta fête d'anniversaire? Je les ai trouvés si drôles! Tu vas bien t'amuser.

Le verbe *accueillir* | Das Verb *accueillir*

Weitere Verben

On a accueilli les corres ce matin. das Verb *accueillir*

Complète.

accueillir (empfangen, aufnehmen)

présent	j' _____
	tu _____
	il/elle/on _____
	nous _____
	vous _____
	ils/elles _____
passé composé	j' _____
imparfait	j' _____
plus-que-parfait	j' _____
futur simple	j'accueillerai _____
conditionnel	j' _____
subjonctif	que j'accueille _____
impératif	_____
	_____
	_____

Nous sommes heureux de t'accueillir chez nous!

1

Que raconte le guide? Complète les phrases avec la forme du verbe *accueillir* qui convient.

1. Je vous _____ au château.
2. En 1942, on y a _____ des enfants.
3. L'hiver, il y a un festival ...
4. ... qui _____ des artistes.
5. Qui vous _____ l'été prochain?
6. Avant, on _____ beaucoup de touristes.
7. S'il était neuf, il _____ plus de monde.

Grammaire mixte

2

Complète le texte avec les formes des verbes qui conviennent.

Tu nous _____ (*dire* → *futur*) si tu _____ (*arriver* → *présent*) à l'heure.

1. _____-nous (*envoyer* → *impératif*) des nouvelles.

2. Tu _____ (*devoir* → *conditionnel*) parler à ta corres.

3. Ta famille _____ (*savoir* → *passé composé*) que nous l'_____ (*attendre* → *présent*)?

4. On a peur qu'ils ne vous _____ (*accueillir* → *subj.*) pas bien.

5. J'_____ (*faire* → *plus-que-parfait*) ça aussi quand j'_____ (*être* → *imparfait*) jeune.

6. Si tu _____ (*être* → *présent*) triste, _____-nous (*appeler* → *impératif*)!

7. Tu n'_____ (*oublier* → *futur*) pas les cadeaux!

Le verbe *jeter* | Das Verb *jeter*

Weitere Verben

Ne **jette** pas tes affaires par terre! → **das Verb** *jeter*

Merke: Das Verb *jeter* hat eine Besonderheit: Es hat in den Singularformen des Präsens zwei _____ anstelle von einem _____. Dies ist auch der Fall in der 3. Person der Präsens-Pluralform.

Complète.

jeter (wegwerfen)

présent
je _____
tu _____
il/elle/on _____
nous jetons
vous _____
ils/elles _____

passé composé j'_____
imparfait je _____
plus-que-parfait j'_____
futur simple je jetterai
conditionnel je _____
subjonctif que je jette
impératif _____
_____
_____

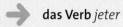

J'achète ces nouvelles baskets et je jette les vieilles.

1

Retrouve les formes du verbe *jeter*.

J	E	T	T	E	R	I	O	N	S	M
S	J	E	T	E	Z	L	U	K	O	J
A	V	E	Z	J	E	T	É	D	I	E
R	S	A	I	J	E	T	T	E	S	T
J	E	T	T	E	N	T	U	T	O	A
A	V	A	I	T	J	E	T	É	R	I
S	J	E	T	T	E	R	A	B	I	S

2

Retrouve les formes du verbe *jeter*. **Puis fais les phrases.**

1. Marc? • est-ce que • téléphone • numéro • Pourquoi • de • tu • téje sa • le • de

   _____

2. tu • où • il • on • déchets? • faut • qu' • tetej • nos • sais • Est-ce que

   _____

3. ratetej • elle • le • Si • demain, • lui. • elle • sur • se • rencontre

   _____

4. poubelle • la • vous • à • Est-ce que • place • la • fois? • prochaine • rieztetej • ma

   _____

5. rentrée • la • la chambre. • tablette • sous • de • quand • le • lit • téje taiva • elle • Il • chocolat • dans • est

   _____
   _____

6. maison. • vient • de • terje • un • neuf • devant • sa • voisin • tout • vélo • Le

   _____
   _____

Überprüfe deine Lösungen. Du findest alle Lösungen online unter www.cornelsen.de/webcodes. Gib dort APLUS-1775 ein.

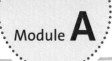

Le conditionnel passé | Das *conditionnel passé*

Du sprichst über Möglichkeiten in der Vergangenheit:

À sa place, je **serais allé/e** en France.

Dazu brauchst du:

das *conditionnel passé*

Complète.

conditionnel passé = Hilfsverb *avoir* oder _____ im

_____ + *participe passé* des Vollverbs

Merke: Bei Verben, die du mit dem Hilfsverb

_____

bildest, musst du das Partizip in Genus und Numerus angleichen.

Complète.

1. Sans Alex, j'_____ dû recommencer au début. *(avoir)*

2. Tu _____ pu me le dire plus tôt. *(avoir)*

3. Mes parents ont raconté qu'elle _____ venue en train. *(être)*

4. Avec plus d'entraînement, les garçons _____ réussi le concours. *(avoir)*

1 Complète le tableau avec les formes des verbes à *l'infinitif* et au *conditionnel*.

Infinitif	Conditionnel passé	Konjunktiv II
vouloir (→ wollen)	j'aurais voulu	ich hätte gewollt
_____ (→ mögen)	nous _____	_____
_____ (→ _____)	_____	ich hätte gekonnt
avoir (→ _____)	vous _____	_____
_____ (→ überlegen)	tu _____	_____
faire (→ _____)	il _____	_____
partir (→ _____)	on _____	_____
être (→ _____)	j' _____	_____
_____ (→ _____)	_____	sie hätte genommen
_____ (→ _____)	il/elle serait venu/e	_____

→→→

		sie wäre gegangen
(→ _____)	_____	_____
entendre (→ _____)	tu _____	_____
		sie hätten geantwortet
(→ _____)	_____	_____
falloir (→ _____)	il _____	_____
choisir (→ _____)	elles _____	_____
_____ (→ _____)	_____	es hätte gefallen
_____ (→ _____)	on aurait connu	_____

2 **Complète par les formes des verbes au *conditionnel passé*.**

1. Sans toi, j' <u>aurais eu</u> _____ (*avoir*) une mauvaise note.
2. Elle _____ (*pouvoir*) dire pardon, non?
3. Qu'est-ce que tu _____ (*faire*) à ma place?
4. Tu _____ (*devoir*) me dire la vérité.
5. Sans ce prof, je _____ (*ne pas réussir*).
6. J' _____ (*aimer*) aller au cinéma avec toi.

3 Voltaire repense à sa vie. Fais les phrases. Utilise les formes des verbes au *conditionnel passé*.

> ne pas *être* – ne pas ê *aller* – ne pas *vouloir* – ne pas ê *devenir* – *pouvoir* – ne pas *devoir*

Vous <u>auriez pu</u> construire votre ballon un peu plus vite.

Il _____ écrire tout ce qu'il pensait.

Sans lui, je _____ en Angleterre.

Sans lui, la vie à la cour _____ aussi intéressante.

Je _____ aller en prison une troisième fois.

Sans lui, notre ville _____ aussi célèbre.

4 Max n'a pas le moral. Qu'est-ce qu'il pense? Fais les phrases. Utilise le *conditionnel passé*.

1. *pouvoir* faire beau
2. sans virus • mon ordinateur • *marcher* mieux
3. ma copine Anne • ne pas • *devoir* aller • chez ses grands-parents
4. je/j' • *aimer* • avoir de l'argent • pour acheter • des baskets neuves
5. mes parents • *pouvoir* accepter • mon nouveau copain
6. mon oncle Pierre • ne pas • *devoir* être là • ce week-end
7. je/j' • ne pas • *devoir* regarder la télé • pendant des heures
8. je/j' • *vouloir* • recommencer la journée à zéro

5 Qu'est-ce qui se serait passé sur une autre planète[1]? Fais les phrases. Utilise le *conditionnel passé*.

Sur une autre planète, …

ordinateur marcher • *pouvoir* envoyer des messages

<u>Son ordinateur aurait marché et il aurait pu envoyer des messages.</u>

ils • *se laver* plus souvent • ils • *ressembler* à des stars

vous • *m'offrir* une nouvelle montre • je • *être* à l'heure

_____

_____

tu • *porter* des lunettes • tu • *voir* mieux

_____

_____

je • *travailler* moins • je • *vivre* sur une île

_____

_____

elle • *travailler* tout l'été • elle • ne pas *devoir* chanter maintenant.

_____

_____

1 la planète Planet

Grammaire mixte

 6

À leur place, tu aurais fait le contraire. Utilise le *conditionnel passé* et la négation *ne … pas*.

1. On a invité Charlotte et Bernard.

→ À votre place, je n'aurais pas invité Charlotte et Bernard.

2. Tu lui as demandé son avis.

→ À ta place, je _____.

3. J'ai répété plusieurs fois la scène.

→ À ta place, je _____.

4. Ils ont été drôlement malheureux.

→ À leur place, nous _____.

5. Elle s'inquiète beaucoup pour son frère.

→ À sa place, tu _____.

Qui dit quoi? Traduis les phrases. Puis retrouve pour chaque phrase la personne qui la prononce.

1. Ohne meine Schwester hätte ich Probleme bei dem Test gehabt. *(avoir des problèmes)*

2. Ihr hättet auf mich warten können! *(pouvoir attendre qn)*

3. Ohne Sie wären die Schüler nicht zurechtgekommen. *(se débrouiller)*

4. Wir hätten uns wärmer anziehen sollen. *(s'habiller plus chaudement)*

5. Ich hätte weniger Schokolade essen sollen. *(devoir manger moins de qc)*

6. Du hättest aufpassen können! *(pouvoir faire attention à qn/qc)*

Überprüfe deine Lösungen. Du findest alle Lösungen online unter www.cornelsen.de/webcodes. Gib dort APLUS-1775 ein.

Module B

Le passé simple (réceptif) | Das *passé simple* (rezeptiv)

Du willst vergangene Ereignisse darstellen:

Jeanne et sa mère furent victimes d'un accident.

Dazu brauchst du:

das *passé simple*

Merke: Das *passé simple* ist eine Zeit der Vergangenheit, die überwiegend in der Schriftsprache verwendet wird. Im Mündlichen verwendet man stattdessen das _____.

Ils jouèrent aux cartes toute la journée.

Complète le tableau.

Infinitif	Infinitiv	passé simple
_____	_____	je parlai
_____	_____	nous pûmes
_____	_____	il/elle finit
_____	_____	j'eus
_____	_____	tu arrivas
_____	_____	il/elle voulut
_____	_____	je courus
_____	_____	je fus
_____	_____	vous donnâtes
<u>attendre</u>	warten	nous attendîmes
_____	_____	ils/elles vinrent
_____	_____	il/elle sut
_____	_____	je pris

1. Retrouve pour chaque verbe au *passé simple* son infinitif.

Standardsprache = *passé composé*
gehobene und literarische Sprache = *passé simple*

passé simple	infinitif	passé composé
ils réfléchirent		
tu aimas		
j'attendis		
il connut		
elle lut		
je tins		
elle mit		
elle raconta		
il alla		
nous dûmes		
vous fîtes		

2 Souligne dans le texte les formes au *passé simple* et remplace-les par une forme au *passé composé*.

C'est l'histoire d'un jardinier[1] et d'une princesse. Le jardinier s'occupait des arbres de la princesse. Un jour, il vit qu'un arbre avait de très beaux fruits. Il en parla à la princesse qui fut très fière et lui demanda de continuer de bien soigner cet arbre. Mais un jour, un immense oiseau se posa sur cet arbre et le cassa. La princesse ne fut pas en colère contre son jardinier parce qu'elle savait qu'il n'y pouvait rien. Quelques semaines plus tard, un lion mangea l'oiseau. Ainsi se termina l'histoire.

C'est l'histoire d'un jardinier[1] et d'une princesse. Le jardinier s'occupait des arbres de la princesse. Un jour, il _____ qu'un arbre avait de très beaux fruits. Il en _____ à la princesse qui _____ très fière et lui _____ de bien soigner cet arbre. Mais un jour, un immense oiseau _____ sur cet arbre et l'_____. La princesse n'_____ pas _____ en colère contre son jardinier parce qu'elle savait qu'il n'y pouvait rien. Quelques semaines plus tard, un lion _____ l'oiseau. Ainsi s'_____ l'histoire.

1 le/la jardinier/-ère Gärtner/in

3 a **Complète le texte avec les formes des verbes au *passé simple*.**

> ouvrit – entendit – marcha – mit – put – s'approcha – vit

a. Un soir, Djamel _____ des chansons et des éclats de rire dans une maison.

b. C'est pourquoi on le _____ dehors sans un mot.

c. Alors, il _____ qu'il y avait une fête et qu'on y dansait.

d. Mais il ne _____ pas rester, parce qu'il n'était pas invité.

e. Parce qu'il avait envie de danser lui aussi, il _____ vers les musiciens.

f. Pour observer ce qu'il se passait, il _____ de la maison.

g. Ensuite, il en _____ la grande porte.

b **Transforme les formes au *passé simple* en formes au *passé composé*. Puis, retrouve l'ordre des phrases.**

a. ☐ Un soir, Djamel a entendu des chansons et des éclats de rire dans une maison.

b. ☐ _____

c. ☐ _____

d. ☐ _____

e. ☐ _____

f. ☐ _____

g. ☐ _____

Grammaire mixte

4 Souligne les formes au *passé simple*. Puis, réécris le texte. Utilise le *passé composé* et complète les mots.

L'histoire de «Isli et Tislit»

... trouve s## origi#nes dans la vie de villa## de monta## qui étaient ##jours en guerre. C'est l'histoire d'un jeu## hom## et d'une jeune fil## qui connurent une fin horri## parce qu'ils durent mourir[1] sans p##voir se marier[2]. Après cette ca##strophe, leurs p##nts furent très malheu##. Ri## ne pouvait les con##ler. Alors, ##s décidèrent de chan##. Ils permirent à leu## enfa## de se rencontr## et de choisir li##rement ##r amis u## fois par an. Les jeunes prirent donc l'habitude ## venir en s##ptembre ## ##ilchil pour se ##arier. Aujourd## ##, c'est cette fê## très popula##re qui attire beaucoup ## monde.

_____

_____

_____

_____

_____

_____

_____

_____

_____

_____

1 **mourir** sterben   2 **se marier** heiraten

Überprüfe deine Lösungen. Du findest alle Lösungen online unter www.cornelsen.de/webcodes. Gib dort APLUS-1775 ein.

Module C

La négation avec *ne ... ni ... ni* | **Die Verneinung mit** *ne ... ni ... ni*

Du willst etwas verneinen:

Paul **n'** aime **ni** le fromage **ni** les desserts. ➡ **die Verneinung mit** *ne ... ni ... ni*

Dazu brauchst du:

Merke:
ne + konjugiertes Verb + **ni** + Ergänzung + **ni** + Ergänzung

Complète. Utilise *ne ... ni ... ni.*

1. Elena et Charles _____ aiment _____ les livres _____ les mangas.

2. Sophie _____ sait _____ danser _____ chanter.

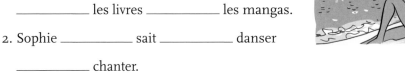

3. Isabelle _____ est allée _____ au parc _____ au musée, mais à la plage.

4. Si tu ne fais pas tes devoirs, tu _____ iras _____ chez tes amis _____ chez ta tante.

 1 Fais les phrases. Mets les verbes au présent. Utilise *ne ... ni ... ni.*

il • savoir • lire • écrire

Il ne sait ni lire ni écrire.

_____

il • parler • anglais • français

_____

_____

elle • aimer • le poisson • la viande

il • écrire à • sa copine • sa grand-mère

elle • prendre • la voiture • le métro

ils • aimer • le rap • le hip-hop

2 Réponds à ces questions à la forme négative. Utilise *ne ... ni ... ni*.

1. Est-ce que Marion aime le rap et le R'n'B?

   Manon n'aime ni le rap ni le R'n'B.

2. Est-ce qu'on a du jus d'orange et de la confiture?

3. Est-ce que tu viendras samedi et dimanche?

4. Est-ce que tu sais faire les gâteaux et la mousse au chocolat?

5. Hier, est-ce que tu as rencontré Marie et Claire?

Grammaire mixte

Pendant la récréation, les élèves discutent. Exprime le contraire. Utilise des négations *ne ... pas, ne ... plus, ne ... jamais, ne ... personne, ne ... rien, ne ... ni ... ni.*

1. Je regarde la Star Ac' et la Nouvelle Star.

   Moi, je _____

2. Tu connais quelqu'un qui parle anglais, allemand et espagnol?

   Non, _____
   _____

3. Votre prof d'anglais parle toujours en français pendant les cours?

   Non, _____
   _____

4. Aujourd'hui, j'ai tout compris.

   Et moi, je _____

5. Hier, on a regardé un DVD.

   Nous, nous _____

6. À la fête, on a chanté et dansé.

   Nous _____

7. Mon corres m'a envoyé des mails et des SMS.

   Mon corres _____. (*nichts*)

8. Demain, on a musique et dessin.

   Demain, on _____. (*weder noch*)

4 Quand elles étaient enfants, Élodie et sa sœur Margot étaient très différentes. Fais les phrases. Conjugue les verbes à l'*imparfait*. Utilise la négation *ne ... ni ... ni*.

1. Élodie **apprenait** _____ (*lernen*) l'espagnol et l'allemand.

   Margot **n'apprenait ni l'espagnol ni l'allemand.**

2. Élodie _____ (*mögen*) le chocolat et les gâteaux.

   Margot _____

3. Margot _____ (*können*) chanter et danser.

   Élodie _____

4. Élodie _____ (*sein*) bonne en français et en histoire.

   Margot _____

5. Margot _____ (*möchte*) travailler pour la télé ou pour le cinéma.

   Élodie _____

6. Élodie _____ (*kennen*) le Québec et la Tunisie.

   Margot _____

7. Élodie _____ (*wollen*) être sportive et heureuse.

   Margot _____

8. Margot _____ (*spielen*) de la guitare et de l'accordéon.

   Élodie _____

9. Élodie _____ (*fotografieren*) les animaux et la nature.

   Margot _____

5 La corres de Clément vient au roller parc. Tu lui poses des questions. Complète ses réponses. Utilise *ne ... ni ... ni*.

> Moi, je vais souvent au cinéma et au café. Et toi?

> Moi, <u>je ne vais ni au cinéma ni au café, mais je vais souvent au roller parc.</u> (aller *présent* • le roller parc)

1. – Mes parents aiment ma musique et mon style. Et tes parents?

   – Mes parents _____.

   (préférer *présent* • mes dessins)

2. – Avant, je jouais au foot et au tennis. Et toi?

   – Je _____.

   (danser *imparfait*)

3. – J'aime les légumes et les spaghettis. Et toi?

   – Je _____.

   (manger *présent* • beaucoup • les fruits)

4. – Je connais le Québec et le Maroc. Et toi?

   – Je _____.

   (avoir envie d'aller *conditionnel* • le Sénégal)

5. – Mon frère aime lire et écrire. Et ton frère?

   – Mon frère _____.

   (être *présent* • super fort • les maths)

Le verbe irrégulier *convaincre* | Das unregelmäßige Verb *convaincre*

Du sagst, dass du jemanden überzeugst:

– J'aimerais voyager seul.
– **Convaincs** tes parents que c'est possible.

Dazu brauchst du:

Das Verb *convaincre*

Complète

convaincre (überzeugen)

présent
je _____
tu _____
il/elle/on **convainc** _____
nous _____
vous _____
ils/elles _____

passé composé nous _____
imparfait tu _____
futur simple il **convaincra** _____
conditionnel vous _____
subjonctif que je _____
impératif **Convaincs!**   **Convainquons!**   **Convainquez!**

> La fin du film ne m'a pas convaincu.

1 a Retrouve les formes du verbe *convaincre* et note-les.

CONVAINCSCONVAINQUENTCONVAINQUONS
CONVAINCSCONVAINCCONVAINQUEZ

_____
_____

b Complète avec les formes de a.

1. Nicolas _____ son frère de l'aider.
2. Je trouve que tu _____ facilement les gens qui t'écoutent!
3. Les filles _____ leurs copines de ne plus se poser de questions.
4. Je _____ mes parents de me laisser participer au concours de beauté.
5. Nous ne les _____ pas de notre motivation.
6. Avec ces résultats, vous nous _____ tout de suite.

2 Complète avec les formes du verbe *convaincre*.

1. Il y a quelques années, nous _____ nos parents de partir en Corse. (*passé composé*)
2. La semaine prochaine, vous _____ vos amis de vous rejoindre à la plage. (*futur*)
3. À ta place, je _____ mes parents avant la fête! (*conditionnel*)
4. Il faut qu'il _____ Mika de finir cet exercice! (*subjonctif*)
5. Quand j'étais jeune, je _____ toujours Simone de m'accompagner. (*imparfait*)
6. Je ne te crois pas! _____-moi! (*impératif*)

Überprüfe deine Lösungen. Du findest alle Lösungen online unter www.cornelsen.de/webcodes. Gib dort APLUS-1775 ein.

Module E

La phrase infinitive avec *après avoir* / *après être* + *participe passé* |
Der Infinitivsatz mit *après avoir* / *après être* + **Partizip Perfekt**

Du sprichst über vergangene Ereignisse und vermeidest komplizierte Nebensätze in der Vorvergangenheit:

Après avoir rang`é` sa chambre, `il` a regardé la télé.
Après être rentré`es`, `elles` ont fait la cuisine.

Dazu brauchst du:

→ **den Infinitivsatz mit** *après avoir* / *après être* + **Partizip Perfekt**

Merke:

Nach der Präposition *après* steht der Infinitiv (_____ oder *être*) und danach das Partizip Perfekt eines Verbs.

après avoir
après être **+ participe passé**

⚠ Steht im Infinitivsatz der Infinitiv *être*, musst du das folgende Partizip dem Subjekt des Hauptsatzes angleichen.

Après être sorti`es` de la maison, elles sont monté`es` dans le bus.

Après avoir raté le bus, on a raté le train!

Après avoir mangé, il faut se reposer.

Après s'être reposé, il faut ranger.

1

Qu'est-ce que Dilia a fait dimanche dernier? Retrouve les phrases.

1. fini • avoir • Après • me • petit-déjeuner, • entraînée • mon • suis • au • je • piano.

   _____
   _____

2. lavé • garage, • voiture. • le • avoir • j' • ai • la • Après • nettoyé

   _____
   _____

3. Marie, • Après • téléphoné • à • avoir • je • retrouvée • sur • ai • l' • la • plage.

   _____
   _____

4. Après • s' • on • bateau. • être • a • du • fait • baignées,

   _____
   _____

5. j' • maths • être • rentrée, • ma • ai • les • Après • à • expliqué • sœur.

   _____
   _____

6. est • avec • devoirs, • Barbara • des • ses • avoir • sortie • Après • fini • amis.

   _____
   _____

2

Caroline aime passer du temps avec sa copine Clara. Elle raconte. Complète les phrases. Fais l'*accord du participe passé* si nécessaire.

1. Après m'être levé ⌐e⌐ tôt, j'ai fait une balade dans la forêt.

2. Après être rentré ☐, j'ai pris ma douche et j'ai mangé quelque chose.

3. Après avoir fini ☐ notre exposé, on a arrêté de travailler à sept heures.

4. Après être passé ☐ chez moi pour prendre mes livres, on est rentrées chez Clara.

138 Module E

5. Après être allé☐ chez une copine, on est allées voir un film sympa au cinéma.

6. Après avoir rangé☐ nos affaires, on a mangé ensemble.

3 Souligne la forme du *participe passé* qui convient. Fais l'accord du *participe passé*, si nécessaire.

1. Après avoir descendu / descendus / descendue / descendues la poubelle, il est remonté.
2. Après être tombé / tombés / tombée / tombées, elle s'est relevée.
3. Après avoir lu / lus / lue / lues le roman de Dumas, elle a pleuré.
4. Après être arrivé / arrivés / arrivée / arrivées en retard, elles ont trouvé la porte fermée.
5. Après avoir gagné / gagnés / gagnée / gagnées le match, ils ont fait la fête.

4 Bruno raconte ce qu'il a fait hier. Fais les phrases. Utilise *après avoir / après être* + *participe passé*.

1. D'abord j'ai pris mon petit-déjeuner et ensuite je me suis douché.
   <u>Après avoir pris mon petit-déjeuner, je me suis douché.</u>

2. J'avais lu les emails de mes copains pendant des heures et j'y ai répondu.
   _____
   _____

3. Je suis sorti avec le chien et je me suis reposé sur le canapé.
   _____
   _____

4. On a pris le repas en famille et ensuite, j'ai aidé mon père à ranger la cuisine.
   _____
   _____

Module E

5. J'ai regardé la télé tout l'après-midi et le soir, j'avais mal à la tête.

_____

6. Je suis passé à la salle de bains et je me suis couché tôt.

_____

Grammaire mixte

5 Qu'est-ce qu'ils ont fait? Forme les phrases. Utilise *avant de* + *infinitif* ou *après avoir* / *après être* + *participe passé*, si nécessaire.

manger • regarder la télé
Après avoir mangé, ils ont regardé la télé./
Avant de regarder la télé, ils ont mangé.

se promener • se baigner

_____

travailler • appeler son ami

_____

aller au restaurant • sortir

_____

mettre la table • faire un gâteau

_____

passer à la Fnac • aller au cours de guitare

_____
_____
_____

se reposer • finir ses devoirs

_____
_____
_____

acheter du pain • rentrer à la maison

_____
_____
_____

6 **Traduis les phrases. Utilise** *après avoir* **/** *après être* **+** *participe passé*. **Fais l'accord du** *participe passé*, **si nécessaire.**

1. Jeden Morgen nach dem Frühstück geht Léo in die Schule.
   (*prendre le petit-déjeuner*)

   _____
   _____

2. Nachdem er seine Tasche gepackt hatte, verließ er das Haus.
   (*faire son sac • quitter*)

   _____

3. Nach ihrer Ankunft in Marrakesch besichtigte Lili das Zentrum.
   (*arriver • visiter le centre-ville*)

   _____
   _____

4. Nachdem Paul sich gut über das Land informiert hatte, trat er die Reise an. (*s'informer • partir en voyage*)

   _____
   _____

Le verbe irrégulier *fuir* | Das unregelmäßige Verb *fuir*

Du sagst, dass jemand flieht:

Fuyons avant la nuit!

Dazu brauchst du:

das unregelmäßige Verb *fuir*

Retrouve les formes du verbe *fuir*.

f	u	y	a	i	s	f	u	i	s
m	o	b	l	f	u	i	r	a	i
e	f	u	y	o	n	s	e	f	r
s	f	u	i	r	a	i	s	u	f
f	u	i	e	n	t	f	s	y	u
f	u	y	e	z	r	u	e	e	i
e	w	a	i	f	u	i	t	z	e
a	f	u	y	o	n	s	x	p	l

Si on fuyait avant la soupe?

Retrouve les formes du verbe *fuir (fliehen)* et complète.

présent	je _____
	tu _____
	il/elle/on _____
	nous _____
	vous _____
	ils/elles _____
imparfait	je _____
passé composé	j'_____
futur simple	je _____
conditionnel	je _____
subjonctif	que je _____
impératif	_____ _____ _____

142 Module E

1 Complète les dialogues avec les formes du verbe *fuir*.

— Le monde est devenu fou.
— J'ai peur que tu _____ dans les rêves.

— Ta lampe est magnifique! Ça devait être difficile, non?
— Je n'_____ jamais _____ devant la difficulté!

— Mon ami veut avoir beaucoup d'enfants.
— À ta place, je _____ très vite!

— _____ ensemble!
— Nos parents n'acceptent pas notre amour.

— Bon, alors tu vas passer ton bac et après tu feras des études longues.
— Tu es sérieuse? Si je le pouvais, je _____ aujourd'hui!

— Réfléchis! Ne pars pas! Ça ne sert à rien de _____.

Grammaire mixte

2 Complète les dialogues avec les verbes *battre, donner, faire, finir, fuir, rejoindre* et *se disputer* au temps qui convient.

1. Pourquoi est-ce que vous _____ ?
   Il veut que je lui _____ mon camion[1] !

2. Il _____ trop chaud pour y aller.
   À votre place, je _____ Mira plus tard.

3. Ces chocolats sont trop bons !
   Je ne veux pas que tu les _____ !

4. Ton portable ou on te _____ !
   _____ plutôt devant moi !

[1] **le camion** Lastwagen

Überprüfe deine Lösungen. Du findest alle Lösungen online unter www.cornelsen.de/webcodes. Gib dort APLUS-1775 ein.

Module F

L'accord du participe passé après *avoir* | Die Angleichung des Partizips Perfekt nach *avoir*

Du sprichst über vergangene Ereignisse:

– Qui a écrit ces chansons?
– Je les ai écrites avec un copain.

Dazu brauchst du:

Die Angleichung des Partizips Perfekt nach *avoir*

Merke:

Bei Verben, die mit *avoir* konjugiert werden, ist das Partizip Perfekt **unveränderlich**, wenn das direkte Objekt **nach** dem Verb steht.
(Le chat a mangé la souris.)

Bei Verben, die mit *avoir* konjugiert werden, ist das Partizip Perfekt **veränderlich**, wenn das direkte Objekt **vor** dem Verb steht. In diesem Fall gleichst du das Partizip in Genus und Numerus dem direkten Objekt an.
(Je cherche les bonbons que Paul avait mangés.)

Choisis la forme du *participe passé* qui convient.

1. Combien de fruits est-ce que tu as acheté / achetés / achetée / achetées ?
   (acheter **qc** = direktes Objekt)

2. Ces chaussures? Je ne les ai encore jamais mis / mise / mises .
   (mettre **qc** = direktes Objekt)

3. Julien pense à la fille qu'il a rencontré / rencontrés / rencontrée / rencontrées .
   (rencontrer **qn** = direktes Objekt)

1 Relie pour faire les phrases.

J'adore cette chanson **1**   **a** qu'on a entendus au concert.

Combien de concerts est-ce que **2**   **b** qu'elle avait perdu hier.

Combien de chansons est-ce que **3**   **c** tu as écrites?

Elle a retrouvé le livre **4**   **d** tu as donnés?

Elle cherche les morceaux **5**   **e** qu'elle a chantée à son concert.

2 Souligne le *complément d'objet direct* (das direkte Objekt). Puis, choisis la forme du *participe passé* qui convient.

1. Quand est-ce que tu as ⟨vu⟩ / vus / vue / vues Carla et Simon?
2. Combien de copains est-ce que tu as invité / invités / invitée / invitées?
3. Quelles chansons est-ce que vous avez préféré / préférés / préférée / préférées?
3. Est-ce que les enfants ont déjà fait / faits / faite / faites leurs devoirs?
4. J'adore la chanson que vous avez joué / joués / jouée / jouées à la fin.
5. J'ai reconnu / reconnus / reconnue / reconnues les garçons qui étaient à la fête de Betty.

3 Souligne le *complément d'objet direct* (das direkte Objekt) dans la question. Complète la réponse avec le *complément d'objet direct pronom* (das Objektpronom) qui convient.

1. – Tu me montreras tes photos de Johnny?
   – Les voilà. Je <u>les</u> ai prises pendant son concert.

2. – Je cherche les livres sur Johnny.
   – Je _____ ai rangés sur les étagères.

3. – Tu connaissais ses plus grands succès?
   – Oui, je _____ ai écoutés hier.

4. – Qui a écrit cette chanson?
   – Johnny _____ a écrite avec son copain.

5. – Et les autres chansons?
   – Il ne _____ a pas écrites.

4 Trouve des questions possibles avec *combien de*. Pense à l'*accord du participe passé*.

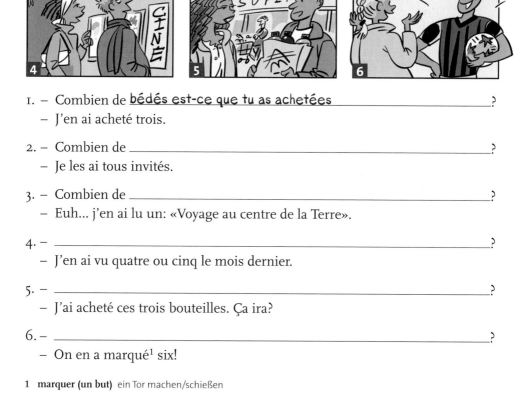

1. – Combien de <u>bédés est-ce que tu as achetées</u> ?
   – J'en ai acheté trois.

2. – Combien de _____ ?
   – Je les ai tous invités.

3. – Combien de _____ ?
   – Euh... j'en ai lu un: «Voyage au centre de la Terre».

4. – _____ ?
   – J'en ai vu quatre ou cinq le mois dernier.

5. – _____ ?
   – J'ai acheté ces trois bouteilles. Ça ira?

6. – _____ ?
   – On en a marqué[1] six!

1 **marquer (un but)** ein Tor machen/schießen

5

Ils ne trouvent pas leurs affaires. Complète les phrases avec les *pronoms* et fais, si nécessaire, l'*accord du participe passé*.

Mais où est-ce que j'ai mis mon magazine?

Le magazine _____ tu as acheté___ hier?

Je cherche ma robe rouge. Tu _____ as pris___?

Mais non! Tu _____ as donné___ à Magali!!

Je ne trouve plus mes photos. Tu _____ as vu___?

Tu ne _____ as pas laissé___ chez Betty?

Où sont mes rollers?

Les rollers _____ tu as posé___ dans le couloir?

6

Fais les phrases. Utilise le *passé composé*, pense à l'*accord du participe passé*.

– Est-ce que tu as entendu la nouvelle chanson de Stromae?
– Je l'ai entendue _____ sur Stratifog.

– Où avez-vous rencontré Emilie?
– Je _____ à un concert.

– Où est-ce que vous avez acheté ces bédés?
– On _____ à la librairie.

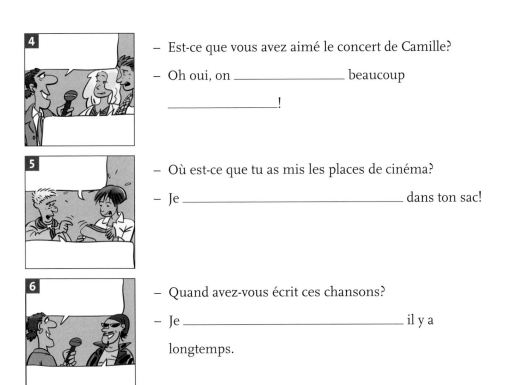

- Est-ce que vous avez aimé le concert de Camille?
- Oh oui, on _____ beaucoup _____!

- Où est-ce que tu as mis les places de cinéma?
- Je _____ dans ton sac!

- Quand avez-vous écrit ces chansons?
- Je _____ il y a longtemps.

Grammaire mixte

7 Mets les verbes entre parenthèses au *passé composé*. **Pense à l'***accord du participe passé*.

> écouter – faire – adorer – lire – regarder – chanter – offrir – écrire – toucher – prendre – aimer – acheter – donner – rencontrer

1. Est-ce que tu _____ (*lesen*) les bédés que Lise _____ (*geben*) à Max?

2. J'_____ (*sehr lieben*) les chansons que Cœur de Pirate _____ (*singen*) au Zénith.

3. Alors cette émission sur M6, vous l'_____ (*ansehen*)?

4. Quelle chanson de Louane est-ce que vous _____ (anhören)?

5. Est-ce que vous _____ (kaufen) des places pour le match France-Italie?

6. Qu'est-ce que tu _____ (tun) des places que j'_____ (schenken) à maman?

7. Ces chansons, il les _____ (schreiben) quand il _____ (treffen) Marie.

8. N'oublie pas de prendre les livres que tu _____ (nehmen) au CDI.

9. Cette histoire, les enfants l'_____ (mögen) parce qu'elle les _____ (berühren).

6 Relie les phrases par le pronom relatif *que*. Pense à l'*accord du participe passé*.

1. Lilli a pris des photos. Elles sont super.
   Les photos que Lilli a prises sont super.

2. Louise et Adèle ont rencontré des jeunes à la Pointe Rouge. Ils viennent de Tunisie.

   _____

   _____

3. J'ai lu un roman de Marcel Pagnol. Il est drôle et bien écrit.

_____

_____

4. On a vu une fille dans la rue. Elle était à côté de nous au match de foot hier.

_____

_____

5. On a découvert une nouvelle chanteuse. Elle chante trop bien.

_____

_____

6. Paul a photographié un tableau au musée d'Art Moderne. Il est très original.

_____

_____

> Überprüfe deine Lösungen. Du findest alle Lösungen online unter www.cornelsen.de/webcodes. Gib dort APLUS-1775 ein.

Pour tes notes